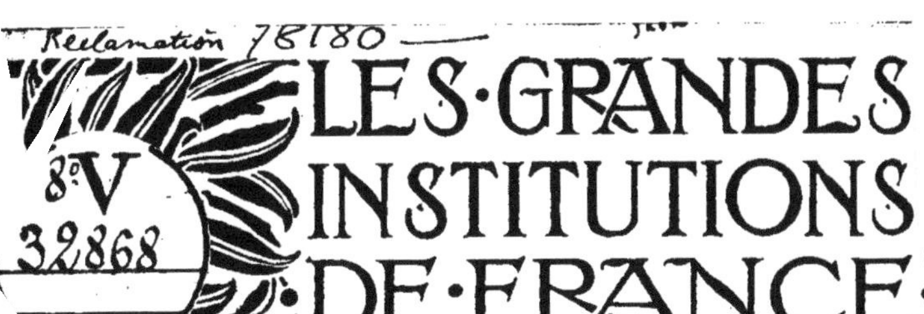

JULES GUIFFREY

LES GOBELINS ET BEAUVAIS

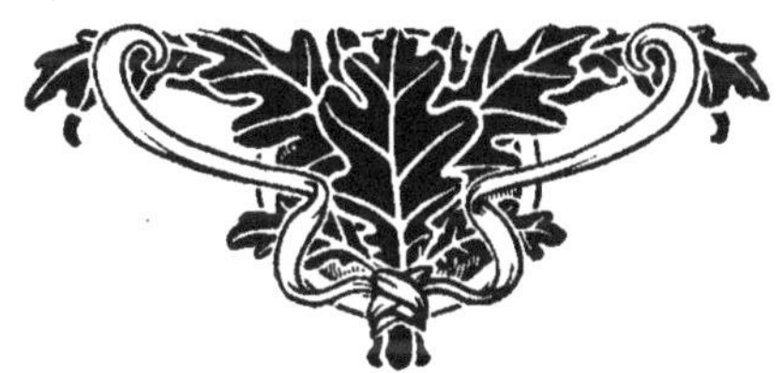

H·LAURENS·EDITEUR

Les Gobelins et Beauvais

MÊME COLLECTION

La Manufacture nationale de porcelaine de Sèvres, par M. Georges Lechevallier-Chevignard, secrétaire de la Manufacture nationale de Sèvres.

La Monnaie, par M. Fernand Mazerolle, archiviste à la Monnaie.

L'Institut, par MM. Gaston Boissier, Gaston Darboux, Georges Perrot, Georges Picot, Henry Roujon, secrétaires perpétuels et Henri Bouchot, membre de l'Institut.

La Bibliothèque nationale, par MM. Henry Marcel, administrateur général, Ernest Babelon, Henri Bouchot, Camille Couderc, Paul Marchal, conservateurs.

LES GRANDES INSTITUTIONS DE FRANCE

LES MANUFACTURES NATIONALES
DE TAPISSERIES

Les Gobelins et Beauvais

PAR

JULES GUIFFREY
MEMBRE DE L'INSTITUT
ADMINISTRATEUR DE LA MANUFACTURE DES GOBELINS

Ouvrage illustré de 94 gravures.

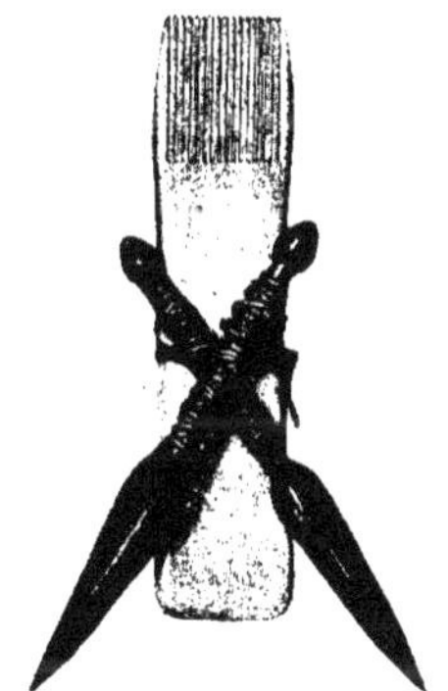

PARIS
LIBRAIRIE RENOUARD — H. LAURENS, ÉDITEUR
6, RUE DE TOURNON, 6

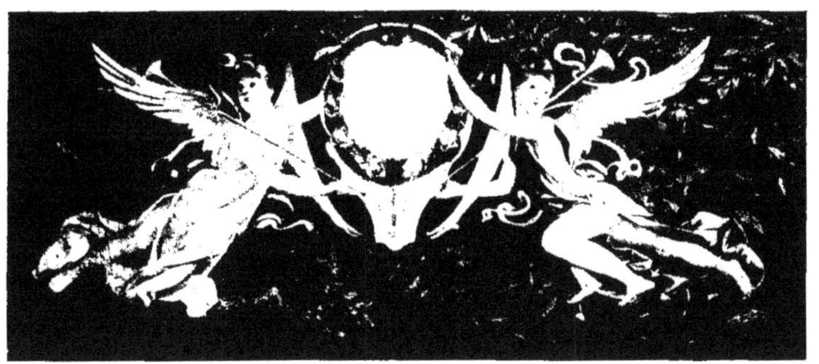

La marque des Gobelins, d'après M. L.-O. Merson.

PREMIÈRE PARTIE

LA MANUFACTURE DES GOBELINS

I

Anciennes manufactures parisiennes de tapisseries. — Ateliers de Fontainebleau et de la Trinité. — Haute et basse lisse. — Origine du mot Gobelin.

Sans remonter aux origines de l'art du tissage, il n'est pas hors de propos de constater que, dès le moyen âge, l'imitation de la peinture par la combinaison de fils de diverses couleurs était connue dans toutes les provinces de la France septentrionale. Des textes positifs établissent l'existence d'ateliers de tapisserie dans la Flandre, l'Artois, la Picardie, dès la fin du XIIIe et le début du XIVe siècle. La comtesse Mahaut d'Artois avait prodigué ses encouragements aux artisans de la province. C'est peut-être à cette influence que la ville d'Arras doit la bonne fortune d'avoir transmis son nom à l'industrie dont elle fut longtemps considérée comme le centre le plus actif et, pour ainsi dire, le quartier général. Depuis le XVe siècle en effet, les tapisseries tissées au métier portent en Italie le nom d'*Arrazzi*, et tout récemment encore, lors du récent voyage en France du roi d'Italie, la tenture offerte au souverain était désignée dans les journaux de la péninsule sous la dénomination d'*Arrazzi des Gobelins*.

La ville de Paris, dès cette époque, possédait des métiers en pleine activité. Ces ancêtres de nos artistes des Gobelins jouissaient, sous le roi Charles V, d'une notoriété étendue. L'un d'eux, dont nous sommes parvenu à reconstituer en partie la biographie et les travaux, a été au service de tous les princes de la famille royale. Ce tapissier parisien, nommé Nicolas Bataille, ne cesse, de 1360 à 1400, de livrer de nombreuses tentures aux frères de Charles V, les ducs de Bourgogne, d'Anjou et de Berry. Le roi Charles VI et son frère le duc d'Orléans figurent aussi parmi ses clients habituels. La plupart des ouvrages de cet artisan ont disparu depuis longtemps. Il nous reste toutefois de son habileté un témoignage capital. C'est la vaste tenture de l'Apocalypse, conservée dans la cathédrale d'Angers, dont l'histoire et la description ont été données, avec grand luxe de détails, par M. Louis de Farcy. L'Apocalypse d'Angers est un monument unique de l'art au XIVe siècle. Or, par une bonne fortune assez rare, surtout quand il s'agit d'une époque aussi éloignée de nous, on est parvenu à réunir sur la préparation et la confection de cette tenture un ensemble de faits comme on en possède peu sur les tapisseries de date beaucoup plus récente. Le duc Louis d'Anjou, frère de Charles V, avait commandé l'Apocalypse au tapissier parisien Nicolas Bataille. L'exécution du modèle fut confiée au peintre du roi, Hennequin ou Jean de Bruges. Charles V prêta au peintre, pour le guider, un manuscrit à miniatures de sa librairie. Les patrons terminés, le tapissier se mit à l'ouvrage, et, en quelques années, furent livrés les cinq panneaux, comprenant chacun vingt-cinq tableaux et mesurant environ 25 mètres de long. Trois ou quatre ans suffirent pour mener à bonne fin cette colossale entreprise qui fait grand honneur au vieux tapissier parisien. On possède là une œuvre capitale du plus glorieux ancêtre de nos artistes d'aujourd'hui. Est-elle exécutée en haute lisse ou en basse lisse? Question délicate, et à laquelle il est impossible de répondre avec certitude.

Des textes anciens il semble ressortir que le procédé de la basse lisse, dite aussi tapisserie à la marche, était surtout familier aux Flamands et aux habitants des provinces du Nord, tandis que les artisans du centre de la France, de Paris en particulier, usèrent presque exclusivement du métier de haute lisse. Constatons d'ailleurs que rien n'est plus malaisé que de discerner les ouvrages exécutés en haute lisse de ceux de basse lisse ; les mieux informés y renoncent. Nous ne chercherons donc pas à établir des distinctions forcément sujettes à caution.

Pendant la période primitive de l'histoire de la tapisserie, les princes et les grands seigneurs adressaient aux artisans en réputation leurs commandes, mais ne songeaient guère à entretenir à leurs frais des ateliers de tisseurs travaillant exclusivement pour eux. Ce n'est guère qu'au XVIe siècle qu'apparaissent les manufactures royales subventionnées par le souverain. L'atelier de Fontainebleau, sur lequel on possède bien peu de renseignements et dont on ne connaît même pas une œuvre authentique, marque le début de cette fabrication officielle. On ignore la date de son installation comme celle de sa fermeture. Quoi qu'il en soit, ce fut la première tentative faite pour appliquer le programme que réalisa plus tard la manufacture des Gobelins. Après François Ier, le roi Henri II crée à Paris un atelier de tapisserie qui devait être entretenu aux frais du trésor. L'hôpital de la Trinité, situé rue Saint-Denis, recevait et élevait un certain nombre d'orphelins. Il s'agissait de leur apprendre un métier. Diverses professions leur étaient enseignées, et comme, à cette époque, la tapisserie était en grande faveur, l'hôpital de la Trinité ouvrit un atelier de tapisserie. L'histoire de cette modeste manufacture, qui subsista pendant près d'un siècle, n'est guère mieux connue que celle de l'atelier de Fontainebleau, et pourtant elle paraît avoir exercé une réelle influence sur le développement de l'industrie textile au XVIIe siècle. Certains artisans élevés à la Trinité ont conquis une honorable réputation, ont laissé des ouvrages cités avec éloge par les historiens, ont contribué à la fondation d'établissements ayant mérité l'estime des contemporains. L'un de ces enfants de la Trinité doit être signalé tout particulièrement. C'est Maurice Dubourg, qui fut chargé de l'exécution en tapisserie de la Vie de Jésus-Christ pour l'église de Saint-Merry, d'après les cartons de Henri Lerambert. On peut admettre aussi que les premières suites de l'histoire d'Artémise, tissées pour la reine Catherine de Médicis d'après les dessins d'Antoine Caron, étaient sorties de l'atelier de la Trinité. En tout cas, l'influence de cet orphelinat se trouvait forcément assez limitée et sa production ne suffisait guère aux exigences de la clientèle. C'est pour répondre sans doute aux besoins de plus en plus impérieux du commerce que le roi Henri IV conçut le dessein de créer sur des bases entièrement nouvelles une vaste manufacture de tapisseries, dont le trésor public supporterait en partie la dépense. Bien avant de pouvoir mettre ce projet à exécution, et alors qu'il n'était que roi de Navarre, Henri avait songé à développer en France une industrie très prospère dans les Flandres et à procurer ainsi de nouvelles ressources à nos nationaux. Il conçut un moment le projet d'installer dans le Béarn une colonie de tapissiers flamands. Si d'autres préoccupations ne lui permirent pas de donner suite à cette idée, on voit que le plan était mûri longtemps avant l'arrivée des artisans chargés d'installer un atelier de tapisserie au faubourg Saint-Marcel, dans les bâtiments mêmes qui sont occupés depuis trois siècles par notre manufacture des Gobelins.

Avant d'aller plus loin et d'exposer l'organisation de la manufacture du roi Henri IV, il convient de donner quelques explications sur l'origine de ce terme de Gobelins. Ce nom était celui d'une famille de teinturiers établie à Paris dès le milieu du xve siècle. L'auteur de la dynastie, Jean Gobelin, vient se fixer dans le faubourg Saint-Marcel, sur les bords de la petite rivière de Bièvre, vers l'année 1440. Il laisse en mourant une nombreuse famille, et ses descendants, à force de travail, de conduite et d'activité, parviennent aux premiers postes de l'administration financière. Deux Gobelin furent successivement, à la fin du xvie siècle, premiers présidents de la Chambre des Comptes. Un autre doit sa notoriété à des motifs différents. Il portait le titre de marquis de Brunvillers, et épousa la fameuse empoisonneuse contemporaine de Louis XIV.

Des personnages occupant de si hautes situations ne pouvaient continuer l'exercice d'une industrie comme celle de la teinturerie, bien que lui devant leur fortune. C'est alors qu'ils songèrent à abandonner aux tapissiers flamands la maison où ils vivaient et travaillaient depuis un siècle. La proximité de la Bièvre convenait fort aux nouveaux venus, car un atelier de teinture était l'accessoire indispensable de leur industrie. Voici comment nos tapissiers prirent la succession des teinturiers portant le nom de Gobelin. Ceux-ci laissèrent à leurs successeurs, non seulement leur habitation et leurs

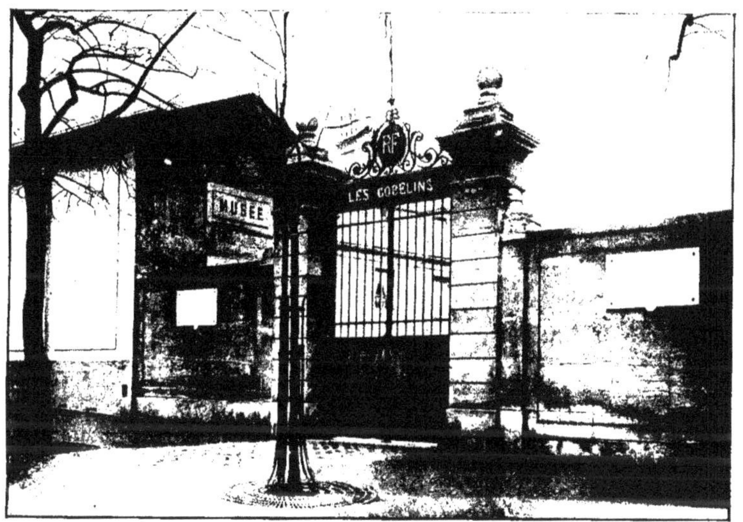

La grille d'entrée de la Manufacture.

ateliers, s'étendant sur la rive droite de la Bièvre depuis la rue Croulebarbe jusqu'à la rue dite encore aujourd'hui des Gobelins, mais aussi leur nom. Et c'est ainsi que cette dénomination, portée d'abord par une famille de teinturiers, s'appliqua par la suite à l'atelier des tapissiers qui avaient remplacé les teinturiers, puis, par extension, aux ouvrages de cette manufacture. Le terme de Gobelin est devenu peu à peu synonyme de tapisserie et désigne maintenant, non seulement les ouvrages de notre manufacture nationale, mais les tentures de toutes les époques et de toutes les provenances. Aussi dit-on, dans certains pays étrangers : un Gobelin du xve ou du xvie siècle, sans s'arrêter à la contradiction choquante des termes et des dates. Les conséquences de cette confusion, quelque flatteuses qu'elles soient pour notre grand établissement national, ne laissent pas que d'entraîner un grave danger.

Certaines fabriques étrangères en ont abusé pour donner à leurs ouvrages, dans les concours internationaux, la dénomination de *véritables Gobelins*. On voit les conséquences. Comment faire cesser cette confusion si préjudiciable à nos intérêts? Une seule ressource nous restait : une marque officielle est maintenant appliquée aux ouvrages de la manufacture des Gobelins et, s'il est difficile de s'opposer à l'emploi d'un terme passé dans la langue courante, toute tapisserie sortant de l'atelier national français portera ce signe distinctif, dont l'éminent artiste, M. Luc-Olivier Merson, a donné le dessin : un G traversé par une broche placée en pal et garnie d'un fil dont les détours garnissent la panse de la lettre.

De chaque côté de la porte actuelle de la manufacture, sur l'avenue des Gobelins, une plaque de marbre, résume, en style lapidaire, les principales périodes de l'histoire de l'atelier. Il ne sera pas inutile de reproduire ces inscriptions. A gauche, on lit : *Jean et Philibert Gobelin — marchands teinturiers en écarlate — qui ont laissé leur nom — à ce quartier de Paris — et à la manufacture de tapisseries — avaient ici leur atelier — sur les bords de la Bièvre — à la fin du quinzième siècle.*

L'inscription de droite sépare nettement les deux périodes de la manufacture de tapisseries. Elle est ainsi rédigée :

Avril 1601. — *Marc de Comans et François de La Planche — tapissiers flamands — installent leurs ateliers sur les bords de la Bièvre.*

Septembre 1667. — *Colbert établit dans les bâtiments des Gobelins — la manufacture des meubles de la Couronne — sous la direction de Charles Le Brun.*

La seconde période, commençant à Colbert et se prolongeant jusqu'à nos jours, comporte quatre divisions dont voici l'énumération :

Le règne de Louis XIV et l'apogée de la manufacture sous la direction de Charles Le Brun, de 1662 à 1699.

La fin de Louis XIV, la Régence et le début du règne de Louis XV (1699-1736).

La seconde partie du XVIIIe siècle (1736-1791).

Le XIXe siècle, depuis la Révolution jusqu'à nos jours.

Nous terminerons par la description de la manufacture actuelle : 1° Bâtiments, musée, ateliers, modèles. 2° Teinture, rentraiture, magasins, écoles, jardins. 3° Le passé et l'avenir de la manufacture.

II

La manufacture des Gobelins sous Henri IV, Louis XIII et la minorité de Louis XIV (1601-1662).

Lorsqu'il voulut installer à Paris un atelier royal de tapisseries, le roi Henri eut recours à deux entrepreneurs dont le mérite lui avait sans doute été signalé. L'un d'eux se nommait François de la Planche ou, en flamand, Frans van den Planken ; sa famille habitait Audenarde. L'autre, originaire de Bruxelles, portait le nom de Marc de Comans. Tous deux prétendaient à la noblesse et ont bien soin, dans tous les actes authentiques, de se dire gentilshommes. Dès le mois de janvier 1601, ils signaient un acte d'association pour la fabrication des tapisseries en France et l'exploitation de diverses autres branches de commerce devant fournir les ressources nécessaires pour soutenir leur principale industrie. L'édit officiel portant établissement de la manufacture est daté de janvier 1607 ; mais, bien avant cette date, les ateliers étaient en pleine activité, car il résulte d'un inventaire dressé après le décès d'un des deux associés, au cours de l'année 1627, que la comptabilité commerciale de la nouvelle manufacture commençait en 1601 et que, dès 1604, les deux directeurs avaient songé à installer des succursales de leur maison principale dans les villes de Calais et d'Amiens. Cette création leur était d'ailleurs imposée par l'édit de 1607.

Nous n'insisterons pas ici sur les avantages concédés aux entrepreneurs et sur les engagements pris par eux en retour ; l'examen de ces conditions nous entraînerait trop loin. Notons seulement un point essentiel : pendant toute cette première période de l'existence de la manufacture, les directeurs conservèrent le rôle de véritables commerçants, travaillant à leurs risques et périls et obligés de se procurer par la vente de leurs produits, les moyens de soutenir l'entreprise. Sans doute, le Roi leur concédait de larges subventions et d'importants privilèges; mais, en même temps, il leur imposait des obligations assez lourdes. Ainsi, devaient-ils former chaque année un certain nombre d'apprentis; les ateliers provinciaux qu'ils étaient tenus de créer constituaient une autre charge sérieuse. Il

Dossier de canapé, d'après Tessier.

fallait travailler activement et vendre à tous prix pour suffire à tant de frais. Et sans doute nos tapissiers n'y seraient pas parvenus s'ils n'avaient eu à leur disposition des ressources fournies par leurs autres spéculations : dessèchement des marais des Charentes, envois de blé aux chevaliers de Malte, fabrique de savon, etc., etc. Il résulte au surplus de divers documents que plusieurs de ces opérations avaient donné d'heureux résultats, car les deux associés se trouvaient l'un et l'autre, lors de l'inventaire de 1627, à la tête d'une honnête fortune.

La manufacture s'étendait alors le long de la Bièvre jusqu'à la rue des Gobelins actuelle ; mais elle ne semble pas avoir occupé la partie des terrains où sont construits les bâtiments édifiés sous Louis XIV. Toute la partie haute des constructions fut ajoutée sous l'administration de Colbert, tandis que plusieurs des ateliers situés dans la région inférieure de la grande cour pourraient remonter à Louis XIII ou même à Henri IV ; le caractère de la construction,

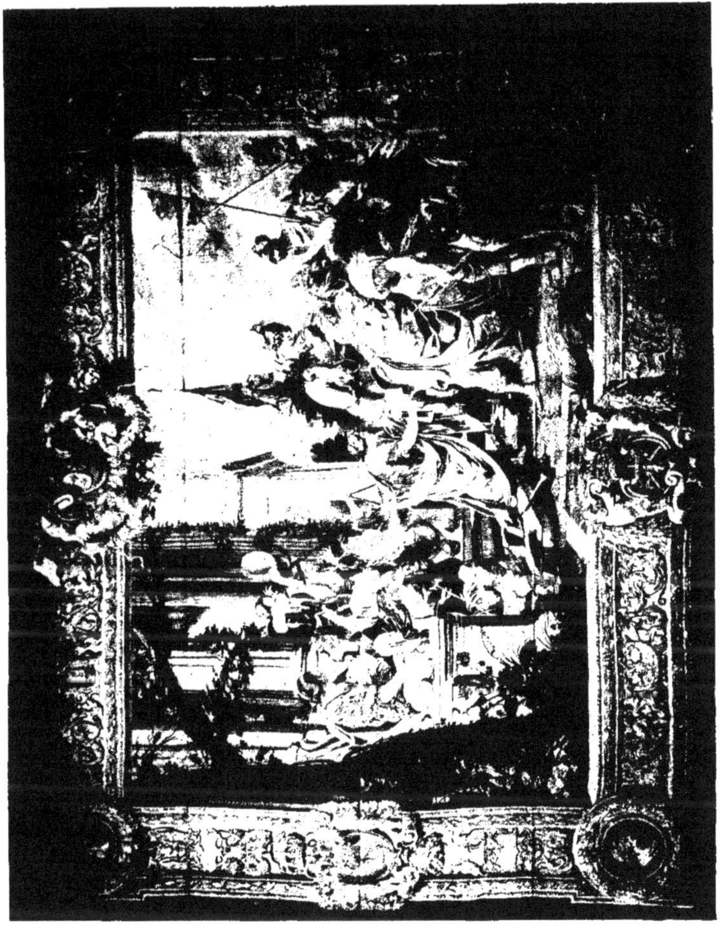

La fille de Jephté, d'après Simon Vouet.

la disposition des toitures, les balustres des rampes d'escalier permettent cette hypothèse.

En même temps que les artisans venus des Flandres montaient leurs métiers dans le faubourg Saint-Marcel, d'autres ateliers, également subventionnés par le souverain, travaillaient dans d'autres quartiers de la capitale. Nous n'en parlons ici que pour mettre nos lecteurs en garde contre des confusions possibles.

L'hôpital de la Trinité, dont on a parlé ci-dessus, conserva son atelier de tapisserie jusqu'au milieu du XVIIe siècle. Toutefois, on ne saurait confondre ses productions avec celles des manufactures royales. La seule pièce aujourd'hui connue de cet atelier, l'histoire de saint Crépin et de saint Crépinien, conservée dans les collections des Gobelins, ne donne pas une haute idée du talent des orphelins de la Trinité. Et cependant, des hommes habiles y avaient fait leur apprentissage, parmi lesquels nous avons déjà cité ce Maurice Dubourg ou Dubout, auteur de la tenture de Saint-Merri vantée par les historiens, mais dont il ne nous est parvenu que des débris.

Après une carrière assez accidentée et des aventures quelque peu romanesques, Dubourg trouva enfin un asile assuré dans les logements de la grande galerie du Louvre, où Henri IV avait installé, sous la protection directe du Roi, les plus habiles artisans dans tous les genres de métiers.

Notre tapissier occupait avec Henri Laurent, son associé, le logement le plus rapproché des Tuileries. Nous l'y trouvons installé dès 1607 et cet atelier paraît avoir subsisté jusqu'au ministère de Colbert. Sous Louis XIV, il fut réuni à la manufacture des meubles de la Couronne.

Les historiens ont gardé un silence complet sur ces artisans qui durent cependant produire de nombreux ouvrages. Et cependant, à en juger par l'unique témoignage officiel en quelque sorte qui nous reste de leur savoir-faire, les tapissiers du Louvre pouvaient lutter avec les maîtres les plus habiles du faubourg Saint-Marcel. L'inventaire du mobilier de la Couronne sous Louis XIV leur attribue formellement l'exécution de ces sujets de l'Ancien Testament, dont les modèles, peints par Simon Vouet, comptent parmi les chefs-d'œuvre de l'art décoratif du XVIIe siècle. On connaît plusieurs répétitions, différentes par la bordure et assez inégales comme exécution, du *Moïse sauvé des eaux*, et de la *Fille de Jephté*, dont le garde-meuble possède des exemplaires superbes. On en a vu des répétitions à la vente du comte de Chaudordy, à côté d'une réplique du

Sacrifice d'Abraham et du *Ravissement d'Elisée* qu'on voit au musée des Gobelins. Avec le *Samson au festin des Philistins*, conservé aussi au mobilier national, voici tout au moins cinq modèles donnés par

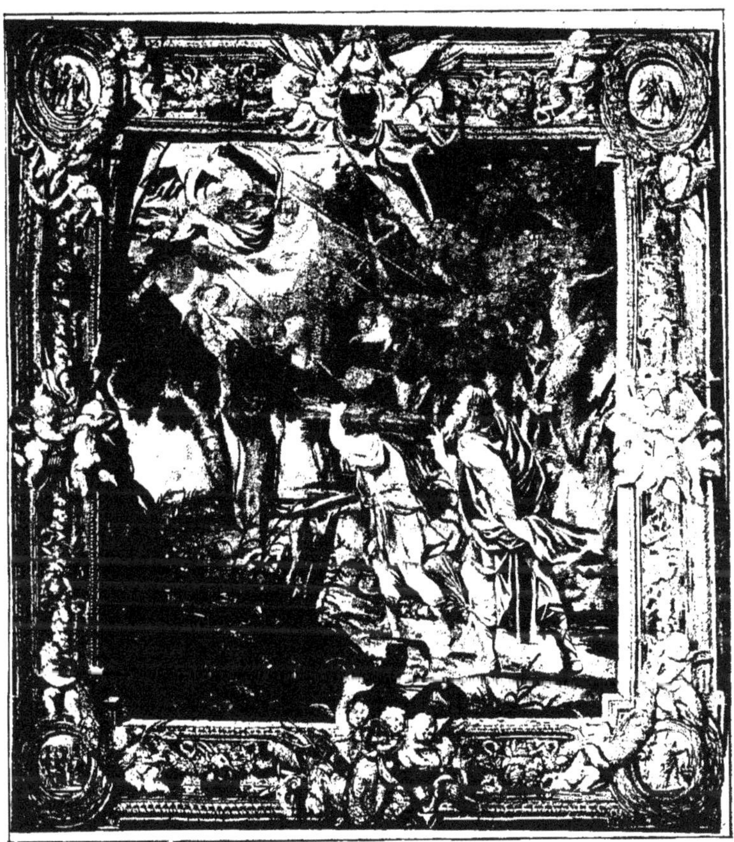

Le sacrifice d'Abraham, d'après Simon Vouet.

Vouet à l'atelier des galeries du Louvre, et dont la traduction en laine ne saurait être attribuée à la manufacture des Comans. Ces belles œuvres témoignent d'une entente de l'effet décoratif qui se retrouve rarement au même degré chez les peintres français; mais le caractère très spécial de ces tapisseries consiste surtout dans l'ampleur des bordures et dans le choix des éléments dont elles se composent. A aucune époque en effet, qu'on remonte aux origines et aux premiers bégaiements de l'art, ou qu'on descende jusqu'à nos jours, le rôle prépondérant, capital, de la bordure n'a été aussi bien compris que durant la première moitié du XVIIe siècle. Les tapisseries de cette période se reconnaissent au premier coup d'œil grâce à cette particularité. Ce besoin de larges et magnifiques entourages s'est imposé alors à tous les peintres travaillant pour les tapissiers. Y a-t-il rien de plus original, de plus somptueux que les encadrements des *Actes des Apôtres*, tissés dans l'atelier anglais de Mortlake, sous le règne de Charles Ier ?

L'atelier de Comans suivit le goût régnant, et toutes les tentures dont nous aller présenter l'énumération se font remarquer, aussi bien que celles de l'atelier du Louvre et de l'atelier de Mortlake, par le luxe de leurs cadres. Comme dans toutes les tapisseries anciennes, c'est le galon qui porte la marque de fabrique et la signature du tapissier. Les manufactures de Paris avaient obtenu le privilège de marquer leurs ouvrages d'un P (Paris) suivi d'une fleur de lis, souvent en fil de métal. Les initiales du tapissier se voient quelquefois dans la lisière verticale de droite. Les plus fréquentes de ces signatures se composent des lettres FVDP, ou HT, ou encore CC. On s'accorde généralement à reconnaître dans le premier de ces monogrammes la signature de Frans van den Planken ; les deux C seraient la marque de Charles de Comans, le fils et le successeur de l'un des fondateurs de la manufacture. Quant au monogramme H.T, encore inexpliqué, ne serait-il pas la signature de Hans Tayer, maître tapissier qui paraît en première ligne sur l'inventaire de 1627, comme chargé de la direction de treize métiers ; il avait certainement sous ses ordres le plus considérable des ateliers.

La mort de François de la Planche, presque immédiatement suivie de l'inventaire auquel nous devons tant de précieux renseignements sur notre première manufacture, entraîna la dissolution de l'association. Tandis que Marc de Comans et ses fils gardaient la direction de la maison du faubourg Saint-Marcel, Raphaël de la Planche, fils de François, allait fonder un établissement rival dans le quartier Saint-Germain. Il installait rue de la Chaise un atelier qui a

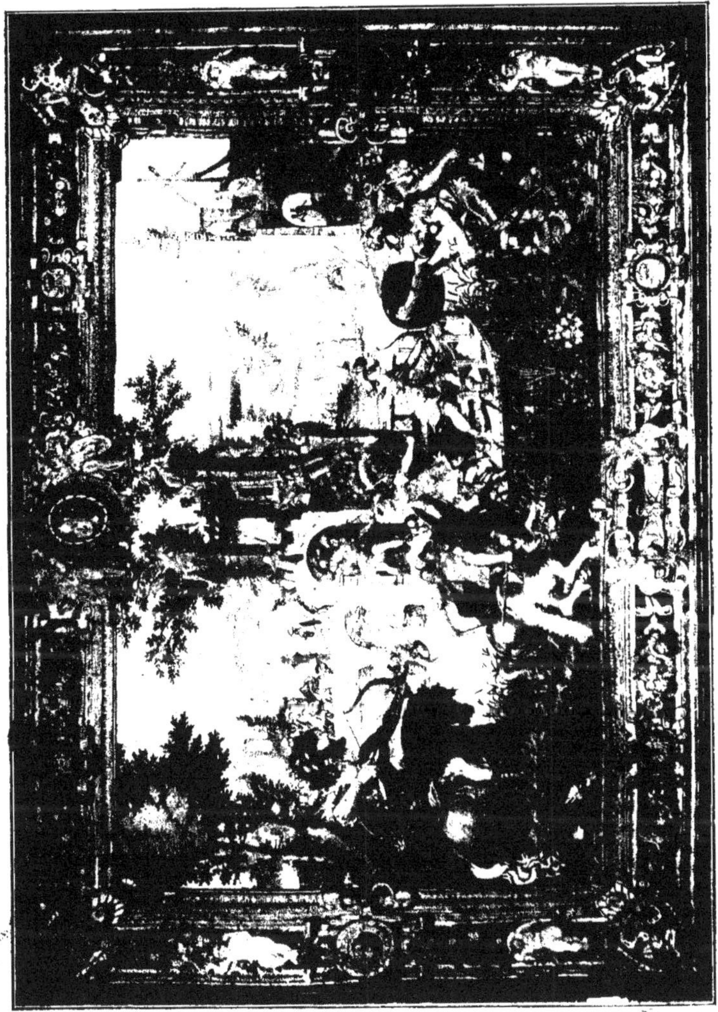

Attaque d'un fort entouré d'eau, d'après Henri Lerambert.

produit, lui aussi, de remarquables ouvrages. Il est donc nécessaire de rechercher les moyens de distinguer les travaux sortis de l'atelier des bords de la Bièvre et ceux des tapissiers du faubourg Saint-Germain.

Une des œuvres maîtresses, à coup sûr, de notre première manufacture des Gobelins, est cette tenture d'Artémise, sans cesse augmentée et remise sur le métier, dont les diverses suites comptaient vingt-cinq ou trente sujets différents. Inventée pour célébrer le deuil et la régence de Catherine de Médicis, elle s'accommodait assez bien à la situation de la veuve de Henri IV et de la mère de Louis XIV. Ainsi s'explique son succès persistant et les bordures variées qui permettent de distinguer les époques successives de fabrication. L'inventaire de 1627 n'énumère pas moins de dix tentures d'Artémise et de soixante-dix-neuf tapisseries. Le garde-meuble en possède encore vingt-sept, provenant de quatre séries différentes. Les modèles, dessinés par Henri Lerambert et inspirés des dessins d'Antoine Caron, ont subi l'influence de la Renaissance française. A ce titre, la tenture d'Artémise marque une date importante dans le développement de notre art national.

Composés par le peintre Toussaint Dubreuil, les huit tableaux de l'*Histoire de Diane* retraçaient des épisodes mythologiques bien connus. La tenture fut répétée à plusieurs reprises, avec variantes. Il en existe deux exemplaires identiques et complets à Paris et à Vienne ; une troisième réplique, faisant partie de la collection royale d'Espagne, offre quelques particularités notables. Les bordures notamment sont d'un dessin différent.

Parmi les scènes que la tapisserie s'est plu à reproduire à diverses époques et dont l'atelier des Comans nous a laissé des traductions, une des plus populaires fut certainement cette *Histoire de Gombaut et de Macé* que Molière a rendue célèbre. Dans ces huit compositions où se déroulent les divers épisodes de l'existence du paysan, égayés des traits satiriques et de réflexions gauloises, nos pères aimaient à retrouver le tableau des scènes champêtres. On connaît encore de nombreuses reproductions de cette tenture quasi-classique. Nos ateliers provinciaux, comme les tapissiers de Bruxelles, l'ont souvent imitée. Le musée des Gobelins en possède une pièce, le *Jeu du Tiquet,* portant la marque de Paris et le monogramme de François de la Planche. Il est donc assez vraisemblable que cette pièce provient de la première manufacture des Gobelins.

La pastorale de Guarini, connue sous le titre de *Pastor fido*, avait fourni le sujet d'un concours ouvert par le roi Henri IV entre les

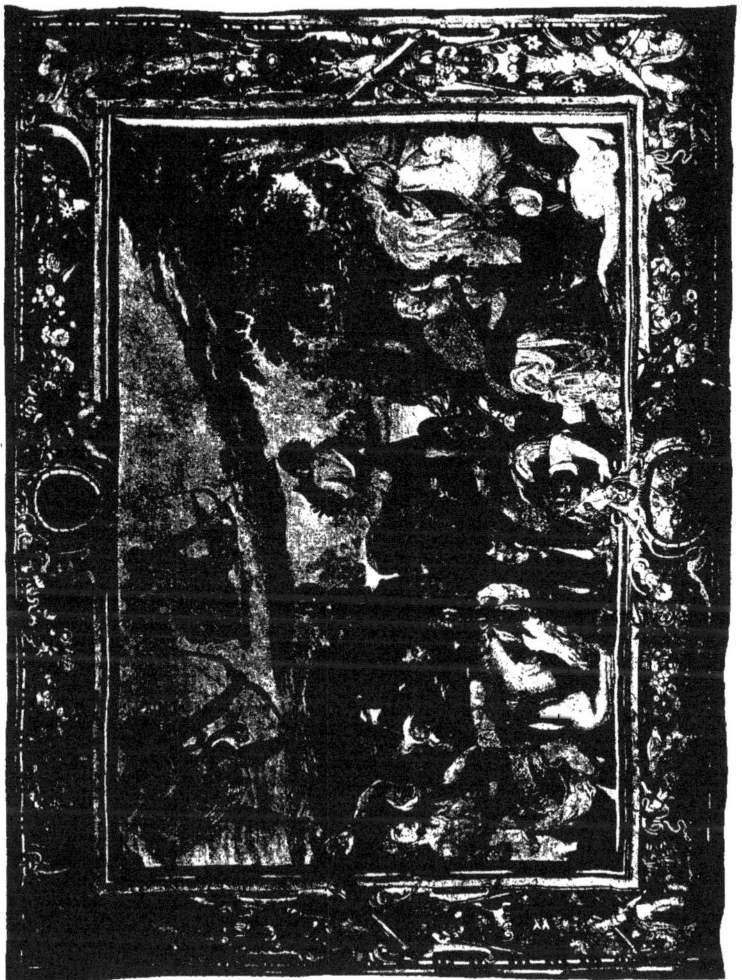

La mort des enfants de Niobé, d'après Toussaint Du Breuil.

peintres en réputation. Laurent Guyot l'emporta sur ses rivaux et, à la suite de ce succès, fut appelé à fournir des modèles où le paysage occupe la place principale. Les bergers et les moutons ne paraissent ici que comme des accessoires assez insignifiants. Aussi avons-nous eu quelque difficulté à retrouver certains échantillons de cette suite, et il a fallu une circonstance fortuite pour nous permettre d'identifier un spécimen de la tenture du *Pastor fido*. Il se trouvait dans l'habitation de l'ancien roi d'Espagne, dom François d'Assise, à Épinay.

Que de prix auraient pour nous ces huit sujets de l'*Histoire de France* énumérés dans l'inventaire de 1627 : le siège de Tunis par saint Louis, le baptême de Clovis, Charlemagne à Pampelune, la bataille de Marignan, etc. ! Nous n'en connaissons l'existence que par le document qui nous a révélé tant de détails ignorés, et cependant cette tenture historique fut plusieurs fois recopiée aux Gobelins. Nous ne sommes guère mieux renseignés sur l'*Histoire du roi François*, en huit pièces. Quels événements le peintre avait-il retracés? Notre inventaire se contente de signaler la tenture, sans préciser les sujets.

A l'*Histoire de Constantin* est échue un meilleur sort ; mais aussi, son illustre origine la défendait contre l'indifférence, cause de la ruine de tant de précieux monuments. Les modèles de Constantin avaient été fournis par Rubens et les esquisses du maître sont explicitement mentionnées dans l'inventaire notarié : « Douze petits dessins peints en huille sur des planches de bois, de la main de Pierre-Paul Rubens, représentant l'Histoire de Constantin. » Maintes fois répétées, les scènes de Constantin existent encore à plusieurs exemplaires dans les magasins du garde-meuble national. La fière allure du dessin révèle leur glorieux auteur ; mais ces personnages de taille démesurée conviennent peu à nos appartements exigus. Il leur faut de vastes galeries ou le plein air.

L'*Histoire de Théagène et Cariclée*, du dessin d'Ambroise Dubois, en huit pièces, reproduisait probablement les scènes peintes dans les salles du château de Fontainebleau. Enfin, l'inventaire mentionne plusieurs suites de menues verdures et de paysages formant huit pièces ; c'est le nombre consacré pour une tenture ordinaire.

L'atelier du faubourg Saint-Marcel se trouva en possession, on le voit, de modèles nombreux et variés. Il lui en fallait beaucoup pour fournir au travail des cinquante et quelques métiers disséminés dans les locaux de la manufacture et les boutiques de la rue des Gobelins. Il paraît assez vraisemblable d'ailleurs que ces modèles occupèrent les ateliers de tapisserie installés par nos deux entrepreneurs dans plusieurs villes de province, à Tours et Amiens notamment.

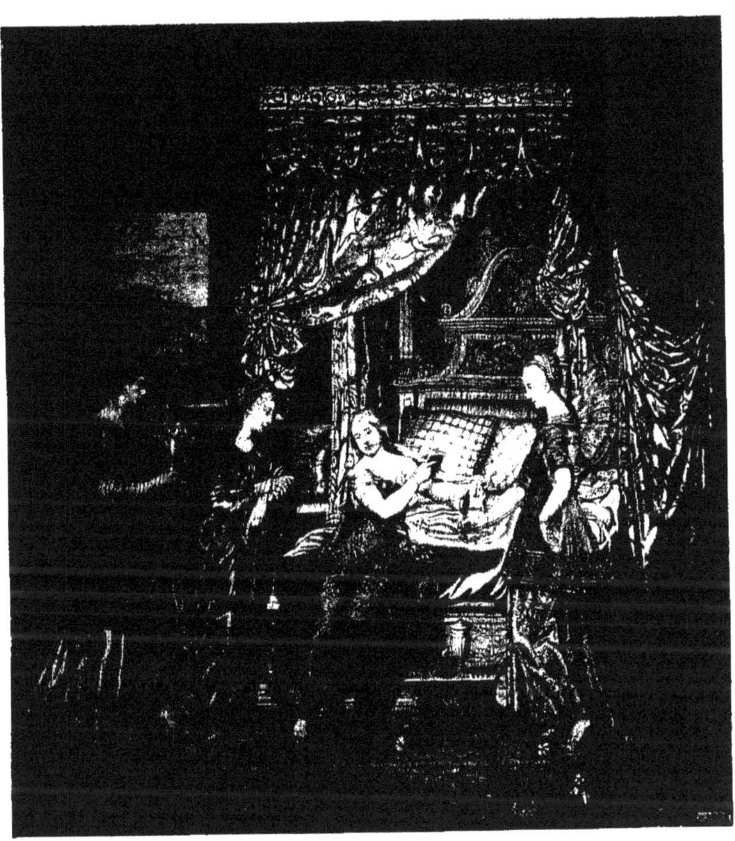

La Toilette de Psyché, d'après Raphael.

Quant à se faire une idée approximative de la quantité de tentures produites durant une période de soixante années par la manufacture des bords de la Bièvre, il faut y renoncer. C'est à plusieurs centaines, à coup sûr, que doit être évalué le nombre des tapisseries exécutées dans cette première manufacture des Gobelins.

La masse en sera singulièrement augmentée, si on y joint les travaux des tapissiers du faubourg Saint-Germain, ouvrages qu'on n'avait pas cherché jusqu'ici à distinguer de ceux de la maison des Comans. Or, un document non moins précieux que celui de 1627, l'inventaire de la maison du faubourg Saint-Germain, dressé en 1661 à la suite du décès de la femme de Raphaël de la Planche, directeur de l'établissement, nous renseigne exactement sur les modèles formant le fonds particulier de cet atelier. Nous retrouvons ici les tableaux d'Ambroise Dubois sur les aventures de *Théagène et Cariclée*, à côté de l'*Histoire de Clorinde* du même auteur, également empruntée aux décorations de Fontainebleau. Puis voici une *Histoire d'Achille*, par le Père Luc, Récollet, en huit sujets ; une *Histoire de Didon et d'Enée*, huit tableaux ; l'*Histoire de Psyché*, dont l'invention première est attribuée à Raphaël ; les *Jeux d'Enfants*, d'après Corneille, six tableaux ; une *Histoire d'Abraham*, six pièces ; des Verdures ; des Armes de France et de Navarre ; l'*Histoire de Daphné*, cinq pièces ; l'*Histoire de Roland*, quatre panneaux ; les *Quatre saisons de l'année* ; les *Feuillages et Rinceaux* ; le *Cheval Pégaze*, et enfin ces *Histoires de Constantin et de Diane* que nous avons vu mentionnées sur l'inventaire de la manufacture des bords de la Bièvre. Il n'y a pas bien longtemps que l'histoire des différentes manufactures parisiennes de la première moitié du XVIIe siècle commence à être connue. On attribuait confusément naguère aux ateliers flamands quantité de travaux dont l'exécution appartient à nos artisans. De toutes les tentures que nous venons d'énumérer combien en est-il dont il ne reste pas le moindre vestige et dont les anciens inventaires ont seuls conservé le souvenir ! Encore convenait-il de bien établir que la grande manufacture de Louis XIV et de Colbert avait été précédée et préparée par des établissements d'une singulière activité et dont les productions, longtemps méconnues, méritent une place des plus honorables parmi les meilleurs spécimens de l'art du tapissier[1]. On peut même aller plus loin : les peintres français

[1] Il est de toute justice de rendre à chacun ce qui lui appartient. Or, c'est M. Lacordaire, ancien directeur des Gobelins sous le règne de Napoléon III, qui a signalé le premier les travaux exécutés dans l'atelier du faubourg Saint-Marcel de 1601 à 1662. Mais les résultats de ses recherches, consignés dans son excellente notice de 1853, passèrent presque inaperçus, et il fallut que les variations du goût remissent la tapisserie en grand

contemporains de Henri IV et de Louis XIII firent preuve d'un sentiment décoratif qu'on chercherait vainement dans les cartons de Le Brun et de ses contemporains.

De ce qui précède nous croyons pouvoir conclure que ces ateliers du début du XVIIe siècle ont largement contribué à préparer la brillante renaissance de la tapisserie. La manufacture des meubles de la Couronne est la fille de ces ateliers du faubourg Saint-Marcel et du faubourg Saint-Germain ; leur histoire est intimement liée et comme inséparable. Il convenait donc de montrer tout ce que l'admirable épanouissement de l'art français devait à la période qui avait précédé le règne de Louis XIV et le ministère de Colbert.

III

Le règne de Louis XIV et l'apogée de la manufacture des Gobelins (1662-1699).

Chargé de la Surintendance des Bâtiments du Roi, Colbert avait dans ses attributions les manufactures royales. Dès les premiers jours de son entrée au ministère, il témoignait aux ateliers des Gobelins une sollicitude particulière. La constitution même de l'établissement fut modifiée de fond en comble. A la place d'une entreprise libre et commerciale le ministre institua un atelier chargé de travailler exclusivement pour le Roi, en lui conférant le titre très significatif de manufacture royale des meubles de la Couronne. Si les tapissiers continuèrent à y occuper la place principale, toutes les industries somptuaires, mosaïque, orfèvrerie, travail du bronze, ébénisterie, eurent leurs représentants dans la maison des Gobelins. Aussi, pour loger toute cette laborieuse population, fut-elle singulièrement agrandie et reçut-elle de nouveaux aménagements. Plusieurs maisons furent acquises et annexées à l'ancien domaine des Comans. Les bâtiments de la manufacture s'étendirent jusqu'à la route remplacée depuis par la rue Mouffetard, aujour-

honneur pour qu'on reconnût le mérite du travail si consciencieux et si nouveau de M. Lacordaire.

d'hui avenue des Gobelins. A côté des vieux ateliers de Louis XIII s'élevèrent de nobles et imposants bâtiments que leur aspect monumental et surtout leurs trophées et leurs guirlandes datent avec précision[1].

Dans ce bâtiment monumental, Charles Le Brun avait son logement. Mais l'incendie de 1871 a détruit la moitié des constructions élevées par Colbert. De l'ancien appartement de Le Brun et de ses successeurs dans la direction de la manufacture, il ne subsiste plus aujourd'hui qu'un vestige ; c'est un bas-relief représentant les Génies des Arts, placé au-dessus d'une cheminée monumentale dans la salle occupée aujourd'hui par le magasin de tapisseries.

Un vieux plan de 1691, dressé par Robert de Cotte, et dont il existe une copie à la manufacture, prouve que, depuis deux siècles, si les dispositions intérieures ont subi d'inévitables modifications, le périmètre de l'établissement est resté le même. On reconnaît sur ce plan les escaliers, les puits et même les ateliers que nous voyons encore ; nombre de services et d'ateliers occupent encore aujourd'hui les mêmes emplacements que jadis. Citons notamment la teinturerie et l'ancien atelier de Jans qui porte actuellement le nom d'atelier du Nord. C'est la longue galerie que parcourent tous les visiteurs ; huit métiers de haute lisse y sont établis. Quant à la chapelle, sa construction date de 1721 ; elle était alors placée dans l'axe de la porte principale, à l'extrémité de la grande avenue formée par les deux pavillons parallèles de Louis XIV, et formait ainsi perspective dès l'entrée. Cette entrée a dû être changée de place lorsque le percement de l'avenue des Gobelins a modifié le niveau de la voie publique longeant la façade de l'établissement.

La manufacture des meubles de la Couronne, en créant dans la capitale un foyer intense d'activité artistique, a singulièrement aidé au développement et au progrès des industries somptuaires de notre pays. Cette grande fondation de Colbert a exercé une influence considérable sur la diffusion du goût français par toute l'Europe. Pour

[1] En ces derniers temps, des travaux de nettoyage ont donné l'occasion d'examiner de près ces décorations sculpturales, et quelle fut notre surprise en constatant qu'elles étaient moulées en plâtre et que cette matière si friable était devenu par le temps plus dure que la pierre.

nous en tenir à l'objet de cette étude, les Gobelins doivent au ministre de Louis XIV l'organisation qui assure leur existence et leur vitalité depuis deux siècles et demi.

Aux tapissiers installés par Henri IV sur les bords de la Bièvre

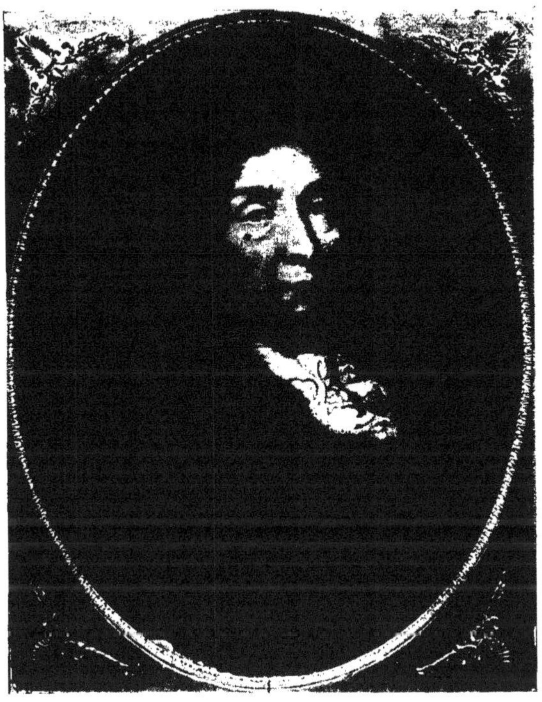

Portrait de Charles Le Brun, peinture de Largillière.

furent réunis les artisans dispersés dans tous les quartiers de Paris. Les tisseurs qui travaillaient au faubourg Saint-Germain, les apprentis de la Trinité, les artisans des galeries du Louvre, comme ceux que Fouquet avait attirés et entretenus à Maincy, vinrent successivement grossir la phalange des Gobelins. Trois ateliers de haute lisse sont placés sous la direction de Jean Jans le père, remplacé par son fils dès 1668, de Jean Lefebvre, dont le fils prit la succession en 1699, et d'Henri Laurent qui venait de la galerie du Louvre. Ce dernier étant mort en 1669, son atelier fut réuni aux deux autres. Les deux ateliers de basse lisse eurent à leur tête Jean Delacroix (1662-1712) et Jean-Baptiste Mozin (1667-1693). Toute une pléiade d'artistes de talent travaillaient aux modèles sous la haute direction de Le Brun. S'il n'avait pas l'envergure d'un homme de génie, Charles Le Brun possédait au suprême degré les qualités nécessaires pour le rôle auquel il était appelé. Il fut le souverain ordonnateur de toute la décoration de Versailles; il sut plier à ses idées et discipliner dans un but commun plus de cinquante artistes très différents d'allures, de caractère, de tempérament. Ce n'est certes pas un petit mérite d'avoir su mener à bien une pareille tâche.

Les modèles des tapisseries de Louis XIV, s'ils sont exécutés par dix ou quinze peintres différents, appliqués chacun à une spécialité bien délimitée, sont tous inspirés et arrêtés par Le Brun en personne. Il avait débuté à Vaux-le-Vicomte en fournissant ces portières des *Renommées*, de *Mars*, du *Char de triomphe*, tant de fois recopiées par la suite dans la manufacture royale. M. Fenaille ne compte pas moins de soixante-douze répétitions de la portière des Renommées, soixante-sept de celle de Mars, soixante et onze du Char de Triomphe. Un des premiers travaux de l'artiste pour le surintendant Fouquet fut destiné à compléter une suite de l'*Histoire de Constantin* d'après Raphaël. Ce sujet avait été mis à la mode par Rubens. Les compositions de Le Brun représentent le *Triomphe* et le *Mariage de Constantin*. L'*Histoire de Méléagre*, en huit panneaux, commencée à Mainey, fut terminée aux Gobelins. La tenture des *Muses*, une des plus charmantes inventions du maître, où le paysage occupe une place prépondérante, avait également été composée pour le château de Vaux; elle fut reproduite à trois reprises différentes. Il n'en reste que des fragments et deux ou trois pièces entières; la perte est vraiment des plus regrettables.

Nous ne nous arrêterons pas à toutes les tapisseries qui sortirent successivement de la manufacture des meubles de la Couronne pendant les vingt-huit années de la direction de Le Brun. Cinq ou six séries fameuses caractérisent l'art de l'époque et ont surtout contribué à établir la réputation du peintre et de ses collaborateurs.

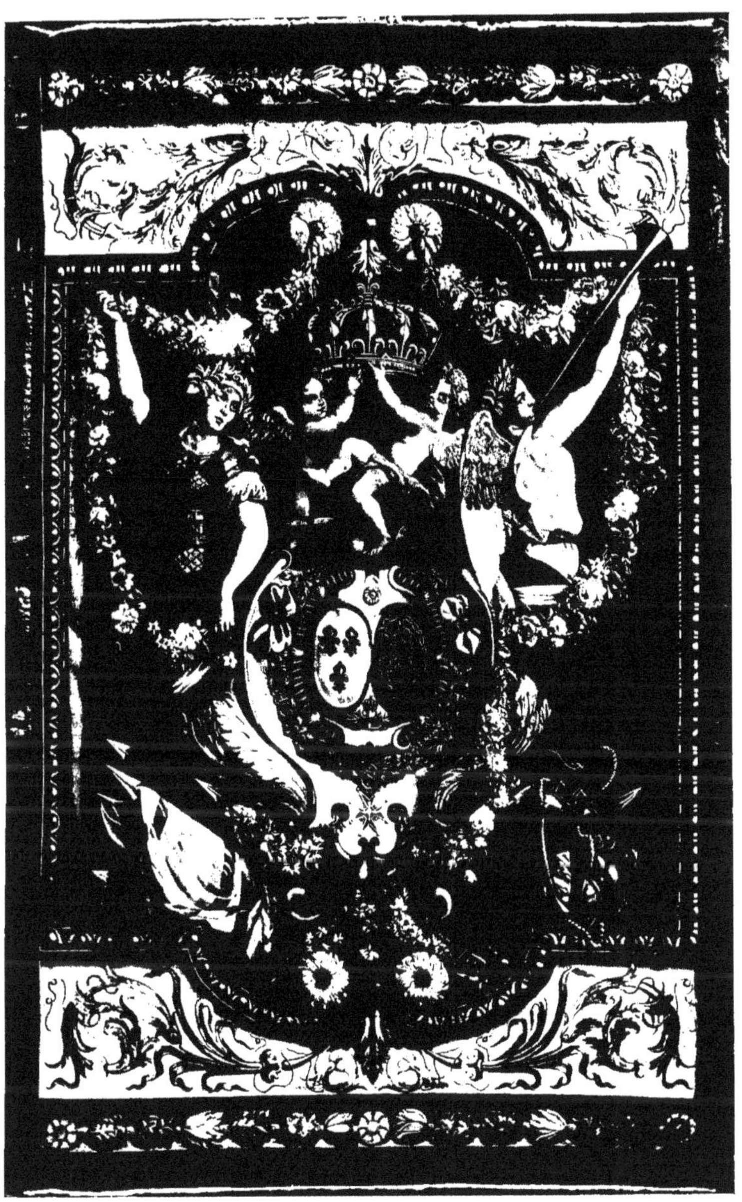

Portière des Renommées, d'après Charles Le Brun.

Nous insisterons de préférence sur ces œuvres bien connues : les *Éléments* et les *Saisons*, *l'Histoire du Roi*, les *Enfants jardiniers*, les *Mois* ou les *Résidences royales*, enfin l'*Histoire d'Alexandre*.

Dans les *Éléments* et les *Saisons*, l'artiste a su allier dans une juste proportion l'inspiration décorative et la copie de la nature. Chaque pièce contient une allusion aux occupations, aux divertissements du monarque. Des légendes latines, accompagnées d'emblèmes allégoriques, occupent les angles de la bordure, se rapportant à la saison ou à l'élément représenté, avec de délicates allusions aux vertus du Roi. On retrouve dans ces bordures comme un souvenir et une influence des somptueux encadrements de l'époque des Comans et des de La Planche. C'est encore de la grande et sérieuse décoration.

Les *Enfants jardiniers*, conçus dans une tout autre donnée, prouvent la souplesse du talent de Le Brun et montrent en même temps l'heureux parti qu'il sait tirer du paysage, des arbres, de la verdure, des fleurs. D'ailleurs, le succès de ces gracieuses compositions nous est attesté par le nombre des répétitions commandées aux Gobelins. En vingt ans, on livra cinq séries complètes des six pièces des *Enfants jardiniers*, toutes de basse lisse. On les recommençait encore sur de nouveaux modèles en 1717.

Nous arrivons à l'œuvre capitale de Le Brun, à l'*Histoire du Roi*. A de rares exceptions, dont les *Enfants jardiniers* offrent un exemple notable, toutes les compositions de Le Brun tendent plus ou moins explicitement à célébrer les vertus, la gloire, la puissance, la magnificence de son maître. Dans l'*Histoire du Roi* nous trouvons la glorification officielle et solennelle de tous les épisodes importants de la vie de Louis XIV pendant les douze premières années du règne. A côté des actes de la vie publique, comme le *Baptême du Dauphin*, le *Sacre*, le *Mariage*, sont rappelées les négociations diplomatiques et les grandes fondations, telles que l'*Alliance des Suisses*, l'*Entrevue de l'île des Faisans*, la *Satisfaction donnée par l'Espagne*, l'*Audience du Légat*, le *Doge de Gênes à Versailles*, enfin la *Visite de Louis XIV aux Gobelins* et la *Fondation des Invalides*. Puis, sont retracées les actions militaires où le Roi avait paru en personne, notamment les sièges des villes conquises sous ses yeux, la *Réduction de Dunkerque*, *de Dôle, de Marsal, de Douai, de Lille, de Tournai.* Le Roi n'avait

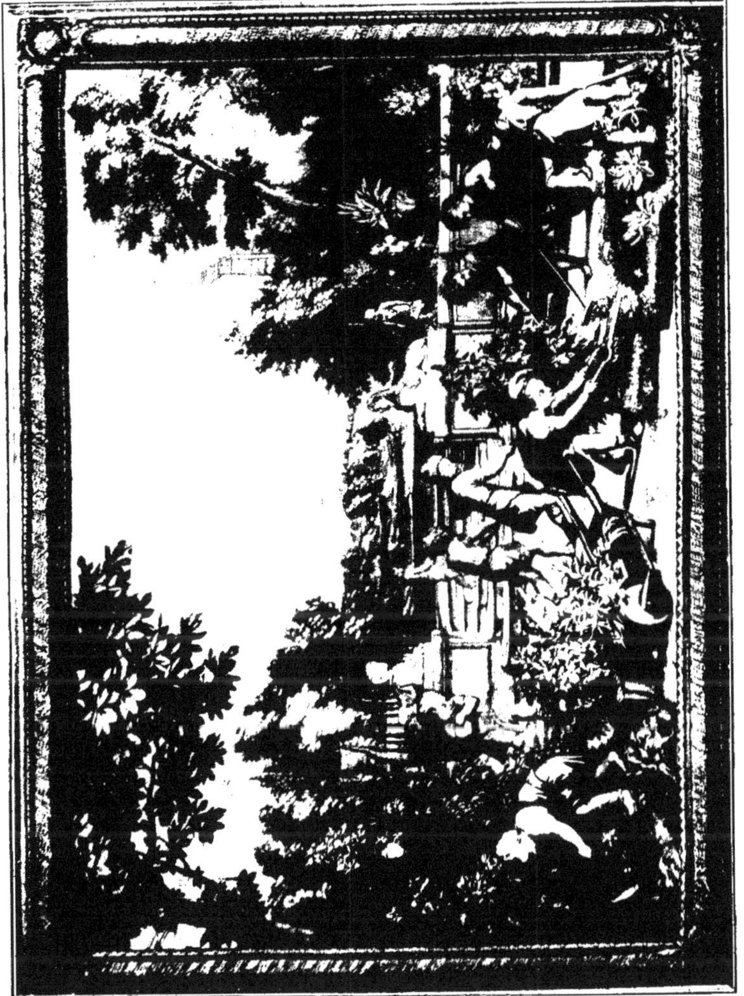

Les enfants jardiniers, d'après Charles Le Brun.

pris part directement qu'à un seul combat, livré près du canal de Bruges, au comte de Marsin. Cette épopée en tapisserie se déroulait d'abord en quatorze tableaux, auxquels trois nouvelles scènes, le

Baptême du Dauphin, le Doge de Gênes et les Invalides furent ajoutées dans les dernières années du règne; leur exécution trahit leur date: elles sont inférieures de tous points aux précédentes. Rien ne fut négligé pour imprimer la plus grande magnificence à cette suite historique. Le Brun avait la haute surveillance des modèles. François Van der Meulen lui apporta une collaboration des plus précieuses. L'exécution des peintures fut confiée aux artistes habitués à traduire les idées du premier peintre du Roi; ils s'appellent Baudrin Yvart, Bonnemer, Saint-André, Testelin, Ballin, de Sève, Mathieu, de Melun. Les tapisseries devaient éclipser, par la richesse et la perfection du tissu, tous les autres ouvrages des Gobelins. Le métal y fut prodigué et les entrepreneurs de haute lisse reçurent pour cette tenture un prix supérieur à celui auquel étaient évaluées toutes les autres séries. Il n'existe qu'une suite complète de l'Histoire du Roi en haute lisse, rehaussée d'or, avec la large bordure à petites figures composée par Le Brun. Les sujets ont été reproduits jusqu'à cinq ou six fois différentes, mais en basse lisse, dans des dimensions réduites et avec une bordure étroite, formée d'une guirlande de fleurs s'enroulant autour d'un bâton fleurdelisé. La tenture de haute lisse à large bordure offre donc une supériorité notable sur les autres; malheureusement, elle n'a pas été ménagée. C'est vraiment regrettable, car elle nous représente sûrement le chef-d'œuvre des tapissiers de Louis XIV. Peut-être, une critique peut-elle être adressée à ce magnifique ensemble. Obligé de retracer des scènes contemporaines, Le Brun n'a pas eu la liberté de s'abandonner librement à son inspiration; il a dû traiter, avec la préoccupation de la réalité et de la vérité historique, ces cérémonies officielles dont tous les acteurs vivaient encore. Il en résulte que les tapisseries de l'*Histoire du Roi* méritent un peu le reproche adressé aux tapisseries de l'Empire et de la Restauration, de n'être que des copies de tableaux. Encore convient-il de remarquer avec quelle liberté les maîtres tapissiers du XVIIe siècle savaient interpréter leurs modèles et on doit insister sur l'impression d'harmonie et de richesse qui se dégage de ces nobles compositions. Quand on a reproduit récemment aux Gobelins l'*Audience du Légat*, on échantillonna soigneusement les laines et les soies sur l'envers de la pièce originale et on

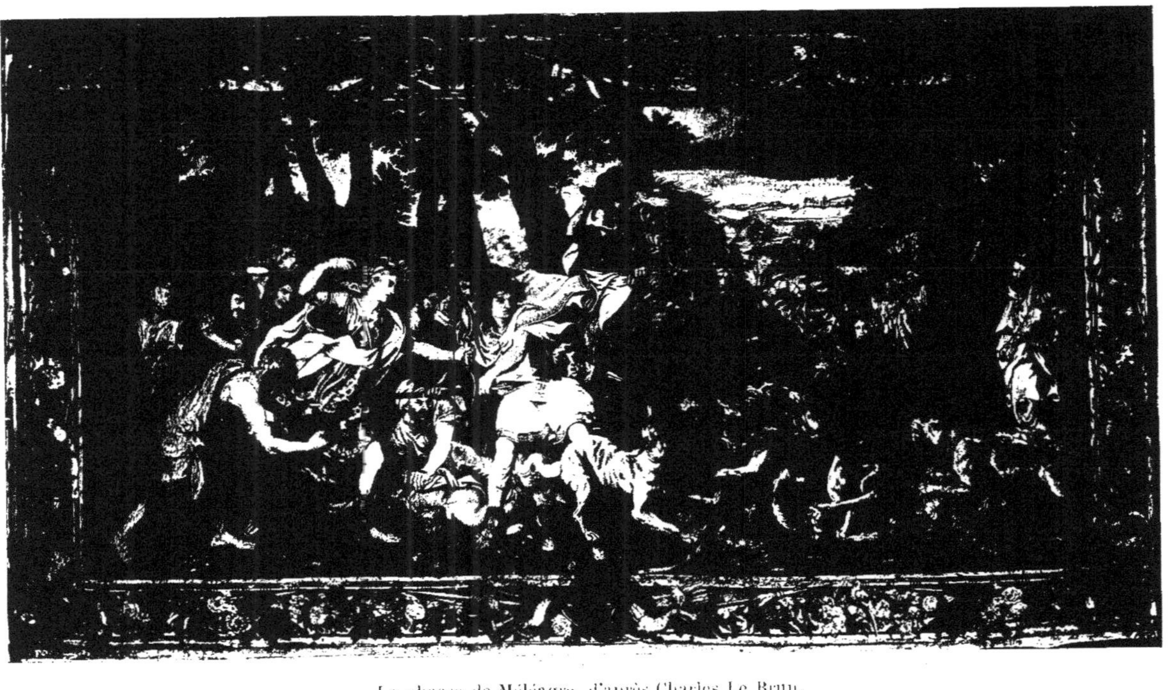

La chasse de Méléagre, d'après Charles Le Brun.

observa que les anciens tapissiers n'avaient pas fait usage de plus de soixante-dix-neuf tons.

Les *Mois* ou *Résidences royales* procèdent de la préoccupation qui a inspiré l'*Histoire du Roi*. Cette série tend, elle aussi, à célébrer la richesse et la puissance du souverain. Ici, Le Brun trouve l'occasion de déployer toutes ses qualités de décorateur; aussi, a-t-il fait de la suite des *Maisons royales* une des tentures les plus originales et les plus pittoresques qui existent. Cette fois encore, toute une armée de peintres fut enrôlée pour traduire et interpréter les inventions du maître. Un mémoire de 1691 nous livre les moindres détails de cette collaboration : « M. Yvart le père a fait la plupart des grandes figures, les tapis de pied et les rideaux; M. Baptiste (Monnoyer), les fleurs et les fruits; deffunct M. Boulle a faict les animaux et les oiseaux. L'architecture est de M. Anguier; les petites figures et une partie des paysages sont de deffunct M. Van der Meulen, et le reste des paysages sont de MM. Genouels et Baudoin. » Pour que tant de mains différentes concourussent ainsi à une œuvre commune sans nuire à l'harmonie générale, il fallait que le chef d'orchestre possédât au suprême degré le don d'imposer, de faire comprendre ses idées et sa volonté. C'est à ce titre surtout que Le Brun doit être considéré comme un des grands maîtres de notre école nationale.

Cette singulière division du travail produisit, nous l'avons déjà dit et nous y insistons, un résultat remarquable. Les douze compositions représentant les châteaux du Louvre, du Palais-Royal, de Madrid, de Versailles, de Saint-Germain, de Fontainebleau, de Vincennes, de Marimont, de Chambord, les Tuileries, Blois et Monceaux, correspondant aux douze mois de l'année, avec leurs nombreuses entre-fenêtres d'une exquise fantaisie, constituent certainement l'œuvre originale par excellence de Le Brun. Il n'a suivi aucun modèle antérieur; aucun artiste n'a jamais produit d'œuvre comparable dans le même genre. Aussi, le succès fut-il immense. La série complète de douze pièces fut reproduite cinq fois en douze ans, de 1668 à 1680; deux tentures de haute lisse et trois de basse lisse furent livrées par les ateliers des Gobelins en ce court espace de temps, activité prodigieuse quand on songe à la quantité d'autres tapisseries terminées au cours de la même période. Après 1680, deux tentures de douze pièces

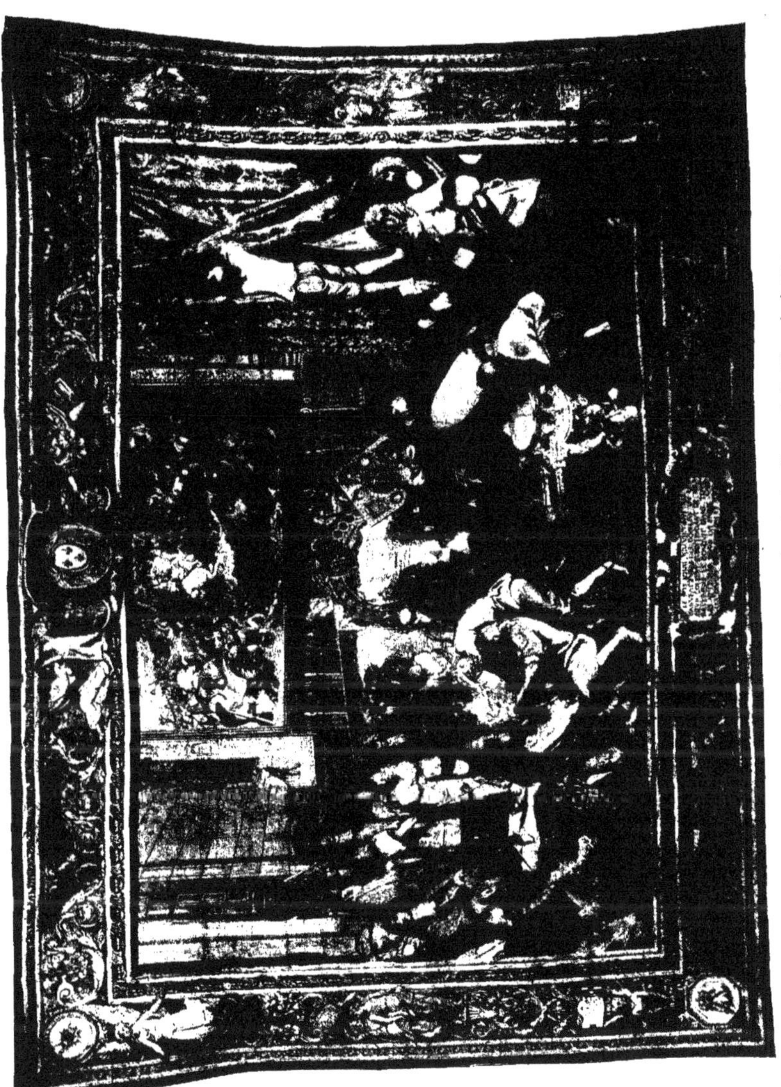

Louis XIV visitant les Gobelins, d'après Le Brun et de Sève le jeune.

furent encore commandées à Mozin et à Delacroix, entrepreneurs de la basse lisse, avec vingt-quatre entre-fenêtres qui présentent, comme les compositions principales, le plus grand intérêt au point de vue topographique. Nous trouvons là l'image exacte de plusieurs résidences dont il ne reste aucun vestige, comme Monceaux, Madrid, Marimont, avec des détails très précis sur les châteaux encore existants.

La suite des *Mois* a fourni au total environ cent dix tapisseries, toutes exécutées aux Gobelins. Car cette tenture, comme celle de l'*Histoire du Roi*, consacrées l'une et l'autre à la gloire de Louis XIV, n'a jamais été imitée ni copiée par un atelier étranger. Le fait s'explique de lui-même. Il n'en est pas ainsi de la grande tenture de cette période dont il nous reste à parler : l'*Histoire d'Alexandre*.

La tenture d'Alexandre, dont les modèles exposés dans les salles du Louvre sont une des œuvres capitales de Le Brun, ne compte que cinq sujets : le *Passage du Granique*, la *Bataille d'Arbelles*, la *Bataille de Porus*, la *Famille de Darius*, le *Triomphe d'Alexandre*. Seulement, les trois scènes de batailles avaient une telle dimension qu'on trouvait difficilement des espaces assez vastes pour les recevoir. Il fallut donc en réduire l'étendue. A cet effet, on les divisa en trois parties en séparant les groupes de droite et de gauche du sujet central. Ainsi, on fit des pièces distinctes de l'aile droite et de l'aile gauche de la bataille du Granique ; de même pour la bataille d'Arbelles et la bataille de Porus. Par suite de cette division l'*Histoire d'Alexandre*, composée à l'origine de cinq sujets seulement, est arrivée à un total de onze pièces, dont six ne sont que les côtés de droite et de gauche détachés de la composition centrale.

Aucune tenture du temps de Louis XIV n'obtint autant de succès, ne conquit immédiatement une aussi grande popularité que l'Histoire d'Alexandre. Cette réputation universelle est attestée par les innombrables copies faites par tous les tapissiers contemporains, par ceux de Bruxelles comme par ceux d'Aubusson. De 1664 à 1683, il sortit de l'atelier des Gobelins huit tentures d'Alexandre, quatre de haute lisse à or et quatre de basse lisse, également rehaussées de métal, en tout quatre-vingt-six tapisseries, dont trois entre-fenêtres. Le mobilier national a conservé quatre suites complètes de l'histoire d'Alexandre.

Après la mort de Colbert, survenue en 1684, des modifications considérables sont introduites aux Gobelins. On continue bien les

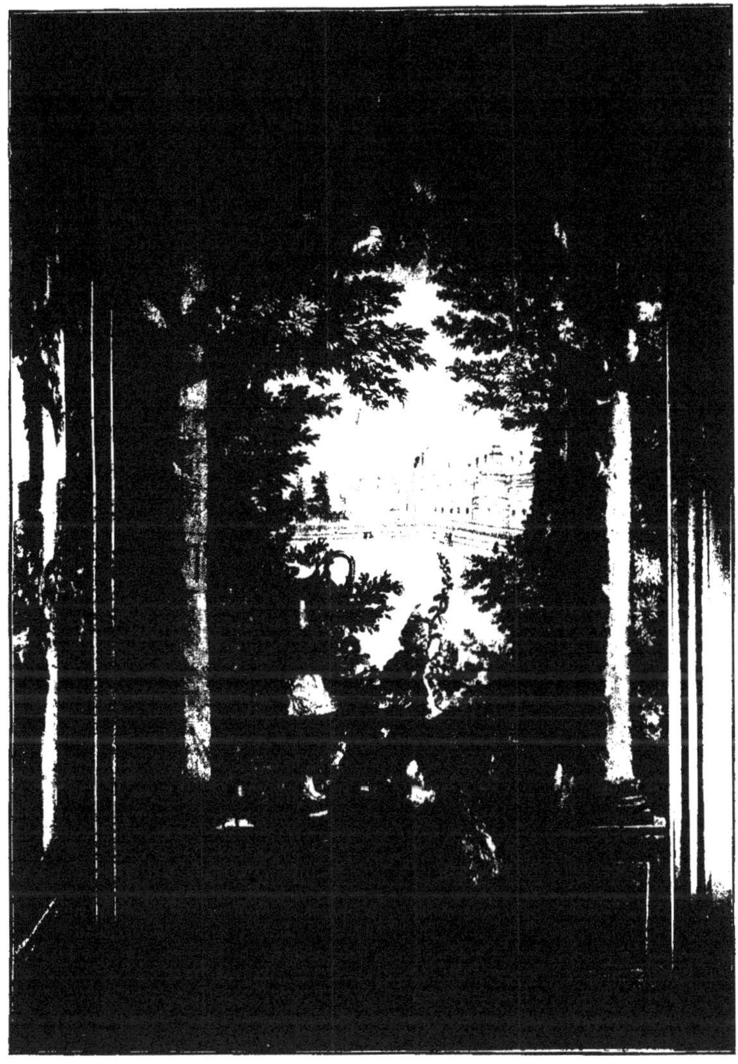

Le château de Fontainebleau. Entre-fenêtre des Résidences royales.

tentures précédemment commencées; mais les nouveaux modèles

indiquent l'invasion de nouvelles tendances. Les scènes modernes ou antiques célébrant la gloire du souverain cèdent la place aux sujets religieux, tels que l'*Histoire de Moïse* d'après Le Brun ou les *Chambres du Vatican*. Ces dernières apparaissent vers 1682; on ne cesse d'y travailler pendant tout le XVIIIe siècle. Certaines sont répétées jusqu'à huit et neuf fois, toujours en haute lisse. On a pu voir, à l'exposition rétrospective des Gobelins de 1902, quelques-unes des copies les plus remarquables des fresques de Raphael.

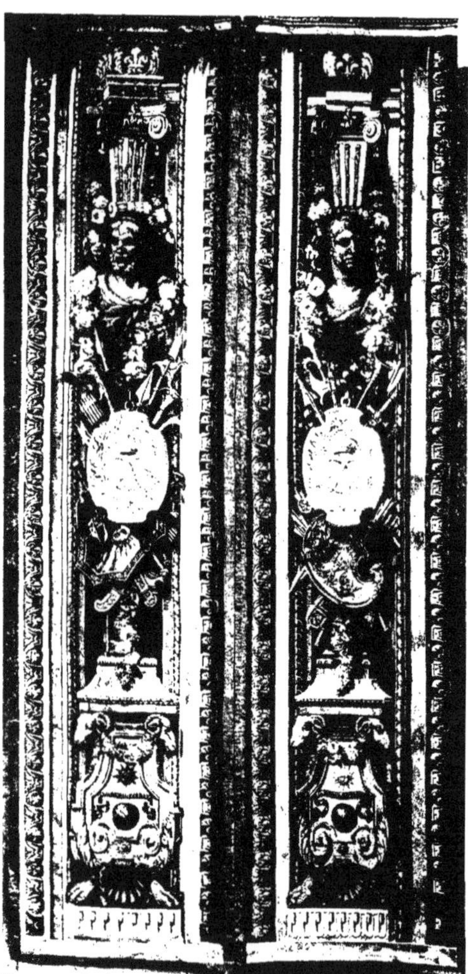

Termes simples, d'après Le Brun.

La série des modèles originaux s'épuise. La source de l'inspiration qui animait les compositions de Le Brun semble tarie. Les artistes qui vivent autour de lui ne possèdent pas cette imagination fertile, cette verve intarissable, consacrées pendant un quart de siècle à exalter le souverain. Faute de scènes inspirées par les événements contemporains, on se résigne à l'imitation ou à la copie des anciens chefs-d'œuvre. Deux courants bien différents se dessinent nettement. D'une part, Noël Coypel, le

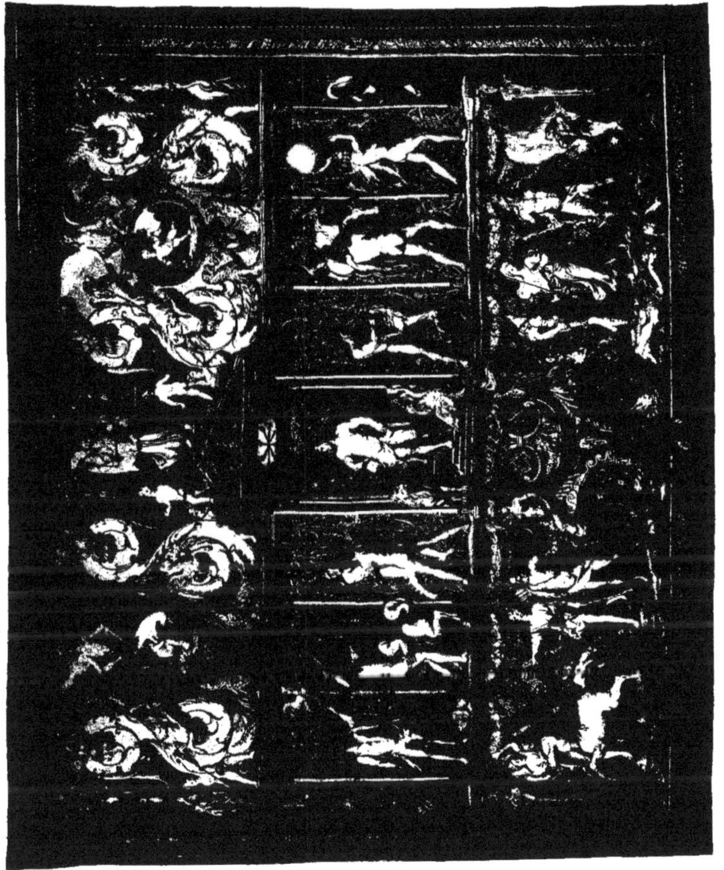

Le triomphe d'Hercule, d'après Noël Coypel.

plus éminent des collaborateurs de Le Brun, l'artiste le plus illustre de la dynastie des Coypel, prend ses inspirations chez les maîtres italiens et les accommode au goût du jour. Ainsi naissent ces modèles des *Triomphes des dieux* en huit pièces, ces *Sujets de la Fable*, d'après Jules Romain ou Raphaël, œuvres d'un goût essentiellement décoratif. En même temps, le surintendant des Bâtiments choisit dans le garde-meuble de la Couronne les tentures les plus réputées et charge les artisans des Gobelins de les copier sans y

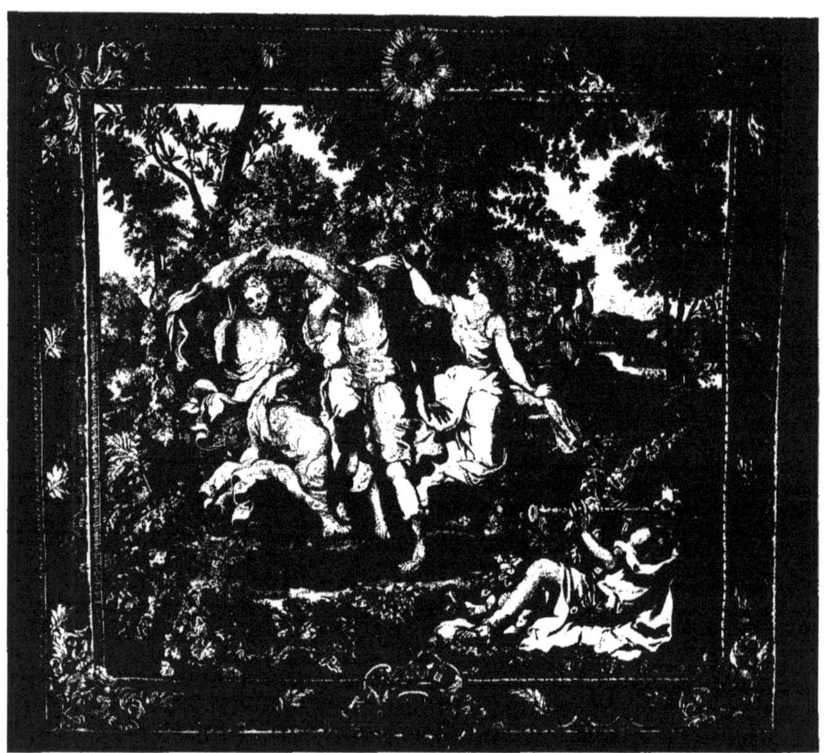

La Danse des Nymphes, d'après Noël Coypel.

rien modifier. De là ces répétitions des *Belles Chasses de Maximilien*, ou *de Guise*, en douze pièces, de l'*Histoire de Scipion*, avec ses riches bordures, des *Fructus Belli*, des *Mois arabesques*, des *Mois Lucas*. Ces copies fournissent du travail aux ateliers pendant de longues années.

Cependant, Pierre Mignard a succédé à Le Brun en 1690, comme directeur de la manufacture. Trop âgé pour entreprendre de grands

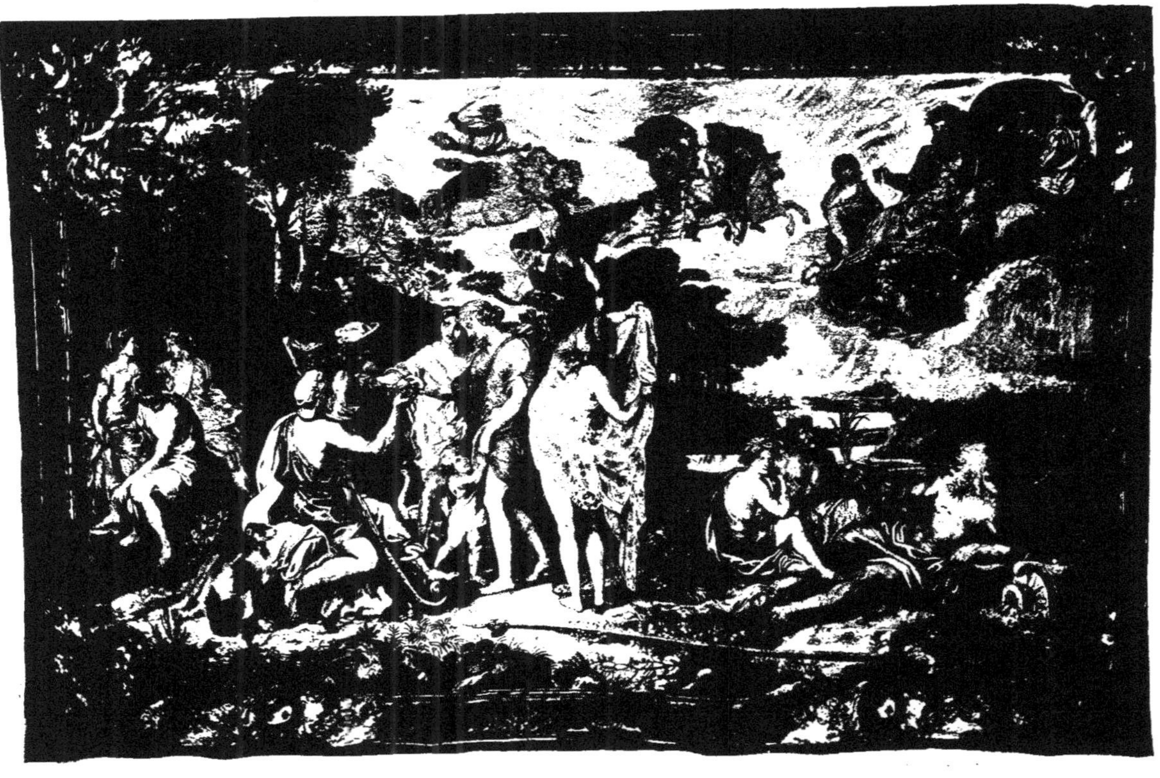

Le Jugement de Pâris, d'après Corneille aîné.

travaux, il se contente de faire reproduire dans les ateliers les six panneaux de la galerie décorée par lui dans le château de Saint-Cloud, pour le duc d'Orléans. Six tentures complètes de cette suite, deux en haute lisse, le reste en basse lisse, sont mises successivement sur le métier à dater de 1686.

Assurément, certaines de ces compositions, celles de Coypel notamment, témoignaient d'une entente des exigences décoratives de la tapisserie qui a fait quelque peu défaut au premier peintre de Louis XIV. Tandis que celui-ci s'attache à la vérité historique et exécute de véritables tableaux, Coypel se préoccupe surtout, dans ses ingénieuses compositions des *Triomphes des dieux* et des *Sujets de la Fable*, de ne représenter que des scènes plaisantes à l'œil, faites pour orner et égayer les grandes salles des appartements princiers. Au surplus, dans les *Danses* et les *Musiques*, comme dans le *Bain de Psyché*, le *Mariage d'Alexandre*, le *Jugement de Paris* ou l'*Enlèvement d'Hélène*, le peintre est bien plus maître de son sujet que lorsqu'il doit suivre pas à pas la réalité en retraçant les événements de l'*Histoire du Roi* et mettre en scène tous les hauts personnages de la Cour. Certaines pièces des *Sujets de la Fable* fournissent sur l'état des esprits à ce moment une bien curieuse indication. Plusieurs de ces scènes mythologiques offusquaient par leurs nudités la pruderie d'une Cour morose et dévote. C'est alors que, sur l'initiative de Mme de Maintenon, assure-t-on, les tapissiers reçurent l'ordre de rhabiller, comme disent les textes contemporains, les tapisseries du Roi ; c'est-à-dire de couvrir de somptueuses draperies les nudités choquantes. Ce travail, dont la dépense est relatée tout au long dans les comptes des Bâtiments de 1684 et des années suivantes, se distingue nettement sur plusieurs pièces des Sujets de la Fable. Dans le *Jugement de Pâris*, les trois déesses sont vêtues de magnifiques draperies visiblement tissées après coup et découpées dans la tapisserie primitive. Le même traitement a été appliqué au *Mariage d'Alexandre et de Roxane* exposé dans le musée des Gobelins. Les sutures des draperies ajoutées au torse de la femme et aux Amours vus de face sont très sensibles. Il faut reconnaître que cet acte de vandalisme a été pratiqué par des gens fort habiles.

Sous l'administration de Colbert, la manufacture des Gobelins avait offert le spectacle d'une vie intense et d'une activité prodigieuse.

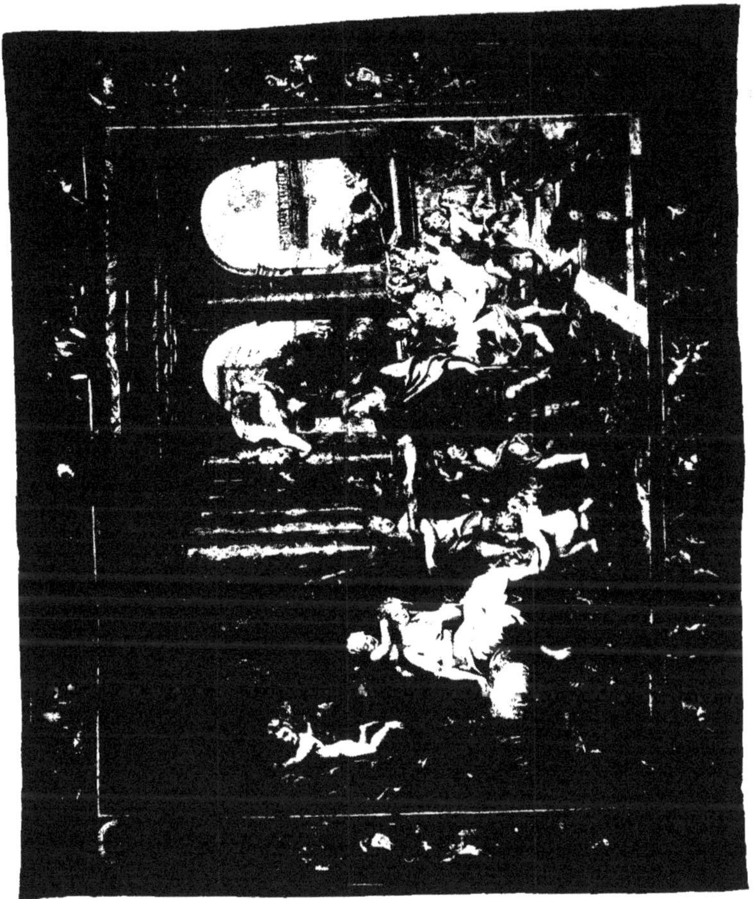

Le Mariage d'Alexandre et de Roxane, d'après Antoine Coypel.

Dans le *Siècle de Louis XIV*, Voltaire qui avait puisé ses notes aux meilleures sources, s'exprime ainsi : « Le vaste enclos des Gobelins était rempli alors de plus de huit cents ouvriers ; il y en avait trois cents qu'on y logeait. Les meilleurs peintres dirigeaient l'ouvrage, ou sur leurs propres dessins, ou sur ceux des anciens maîtres d'Italie, etc. » Cet état de choses se prolongea jusqu'à l'année 1688. C'est la date à laquelle les dépenses des Bâtiments du Roi, comprenant l'entretien des manufactures, atteignent le plus haut chiffre. A Colbert avait succédé Louvois, remplacé lui-même par Colbert de Villacerf en 1691, au moment où la manufacture allait se trouver réduite aux dernières extrémités.

Charles Le Brun resta en fonctions jusqu'à sa mort survenue en 1690, la même année que celle de son fidèle collaborateur Van der Meulen. Mais son crédit avait singulièrement baissé après l'avènement de Louvois. Il mourut du moins à temps pour ne pas voir la décadence de l'établissement qu'il avait porté à un si haut degré de prospérité. Son successeur, Pierre Mignard, le protégé de Louvois, ne fit rien ; les événements politiques le condamnaient à l'inertie en retirant à la manufacture presque toutes ses ressources. Au moment de la mort de Mignard (1695), on ne jugea pas utile de le remplacer. Les ateliers étaient fermés. Les tapissiers, ne recevant plus le payement de leurs travaux, avaient dû chercher ailleurs des moyens d'existence. Un certain nombre avait regagné les Flandres; d'autres trouvèrent de l'occupation à Beauvais; quelques-uns enfin furent réduits à s'engager dans les troupes royales. Le chef d'atelier Jans nous a laissé un tableau émouvant de la triste situation de la manufacture au cours de cette période durant laquelle le travail se trouva presque entièrement arrêté, c'est-à-dire de 1694 à 1697.

IV

La fin du règne de Louis XIV et la Régence (1699-1737).

A Colbert de Villacerf succède, en 1699, comme Surintendant des Bâtiments du Roi, l'architecte de Versailles, Jules-Hardouin Mansart. Après la mort de Mansart (1708), le duc d'Antin, ce type du courtisan, dont Sainte-Beuve a tracé un si fin et si vivant portrait, est nommé directeur des Bâtiments. Les fonctions de Surintendant étaient supprimées et remplacées par celles de Directeur. Celui-ci

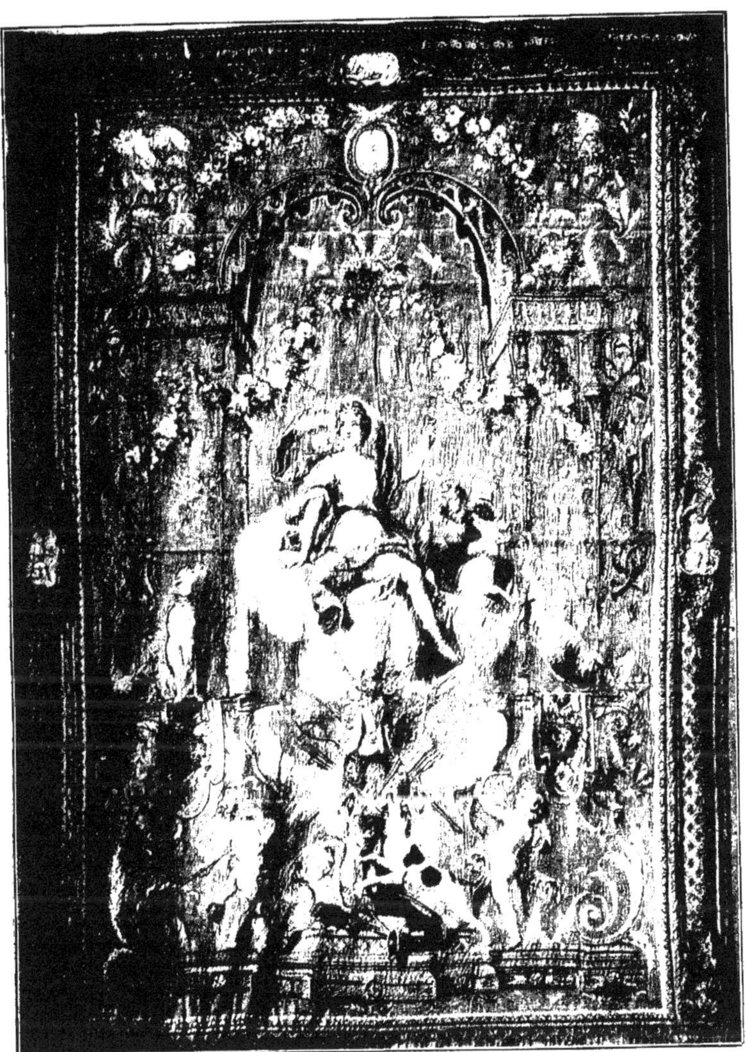

Diane ou la Terre, d'après Claude Audran.

avait sous ses ordres immédiats le directeur de la manufacture des Gobelins, l'architecte Desgodetz, auquel succéda, en 1706, Jules-

Robert de Cotte, dont le père, Robert de Cotte, conserva les fonctions de surinspecteur de la manufacture de 1699 à 1735. Le surinspecteur commandait à un peintre ayant titre d'inspecteur. Mathieu et Chastelain occupèrent successivement cette situation. D'autres artistes d'un réel mérite se trouvaient en même temps attachés aux travaux de la tapisserie et chargés de fournir et de réparer les modèles. Nous citerons le peintre d'histoire Joseph Yvart, le peintre de fleurs Belin de Fontenay, les peintres d'ornements Michel Anguier, Claude Audran, Philippe Meusnier, Pierre-Josse Perrot. Certains de ces artistes décorateurs portent des noms peu connus parce qu'ils se consacrèrent à une tâche modeste. Ils n'en contribuèrent pas moins dans une très large mesure à donner aux travaux de la tapisserie une direction des plus heureuses. L'un de ces oubliés a laissé des œuvres pouvant être classées parmi les compositions les plus originales qui aient été reproduites en tapisserie. Appartenant à la nombreuse famille des célèbres graveurs, Claude Audran mena une existence retirée. On sait seulement qu'il avait obtenu la charge de concierge du Luxembourg. Les œuvres qu'il a données aux Gobelins lui assignent un des premiers rangs parmi les décorateurs les plus délicats et les plus ingénieux de l'école dont les coryphées se nomment Gillot et Watteau. Watteau travailla quelque temps dans l'atelier d'Audran et il prit part assure-t-on à l'exécution de *Portières des dieux*, considérée encore, après deux siècles, comme un des chefs-d'œuvre de l'art de la Régence. Ces panneaux, au nombre de huit, représentent les *Quatre Saisons* et les *Quatre Éléments*, personnifiés par un des dieux de l'Olympe : Vénus, le Printemps — Cérès, l'Été — Bacchus, l'Automne — Saturne, l'Hiver — Junon, l'Air — Diane, la Terre — Neptune, l'Eau — Jupiter, le Feu. Ces huit modèles, constamment recopiés jusqu'aux dernières années du siècle et encore repris de nos jours, ont du être repeints à plusieurs reprises. Aussi, est-il bien difficile de retrouver les traces de l'œuvre originale dans les toiles fatiguées que conserve encore la manufacture. Les dimensions, les fonds, les attributs ont été modifiés maintes et maintes fois. Un classement méthodique des pièces encore existantes est devenu par suite presque impossible. M. Fenaille a tenté l'entreprise : il a noté toutes les pièces connues de la tenture et

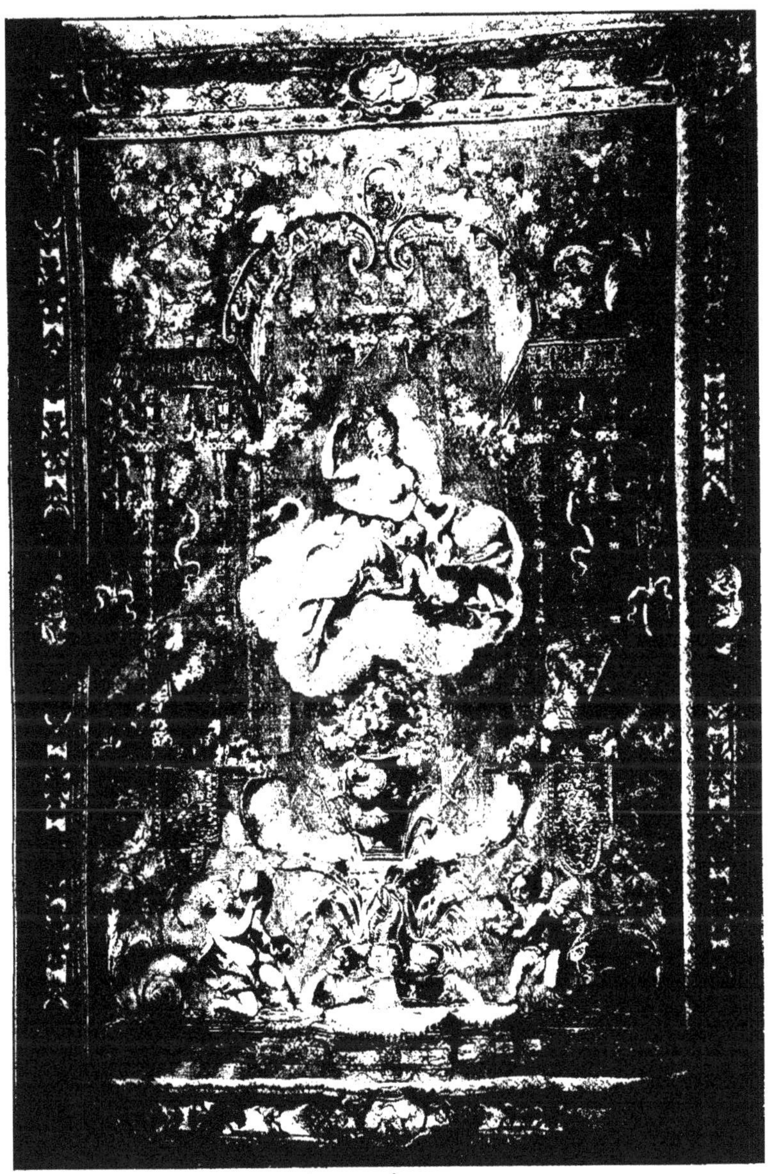

Vénus ou le Printemps, d'après Claude Audran.

il est parvenu à enregistrer deux cent trente-sept tapisseries, sans compter les répétitions modernes, avec des fonds sans cesse différents. Tous les ateliers de haute et de basse lisse, Jans, Lefebvre, de La Tour, Souet, Delacroix, Neilson, ont leur part dans cette énorme production. Le succès de ces ingénieuses créations n'a pas diminué, et, lorsqu'une portière des Dieux paraît dans une vente, elle est disputée avec un acharnement qui prouve l'engouement des amateurs. Claude Audran mit le comble à sa réputation par un autre modèle commandé pour la décoration de la chambre du Grand Dauphin au château de Meudon. Cette destination donne la date de l'exécution des *Mois grotesques à bandes* ; c'est sous ce titre que les inventaires enregistrent la tenture de Meudon. Les reproductions que l'on voit ici donnent une idée exacte de l'art exquis de Claude Audran.

La description de semblables combinaisons est impossible. Les douze grands dieux de l'Olympe représentent les douze mois de l'année, surmontés des signes du zodiaque et accompagnés d'attributs, d'ornements, d'accessoires d'une variété et d'une verve intarissables. La tenture destinée au Dauphin, conservée au garde-meuble, mais incomplète de trois mois, est entourée d'une bordure à losanges, d'un dessin charmant, où sont répétés le double L (Louis) et les Dauphins enlacés. Les diverses répétions connues des Mois grotesques par bandes, ne possèdent pas cet entourage officiel qui les complète si heureusement. Une de ces répliques appartenait à M. Bischoffsheim ; une autre fut acquise, il y a une vingtaine d'années, par M. Boucheron, à la vente du baron de Gunzbourg. Trois pièces isolées sont chez le duc de Doudeauville ; deux portières d'accompagnement, sans les figures de Dieux, font partie de la collection de M. J. Darcel. Enfin, on voit à Venise, dans le palais du prince Giovanelli, une suite complète des Mois grotesques avec des pièces supplémentaires représentant un Hercule, un Amour et une Naïade.

En somme, cette admirable tenture, a été moins souvent reproduite que bien des œuvres plus ordinaires, et elle n'a jamais été exécutée qu'une seule fois dans l'atelier royal. Les copies appartenant à des collections particulières, dont il vient d'être fait mention, furent tissées

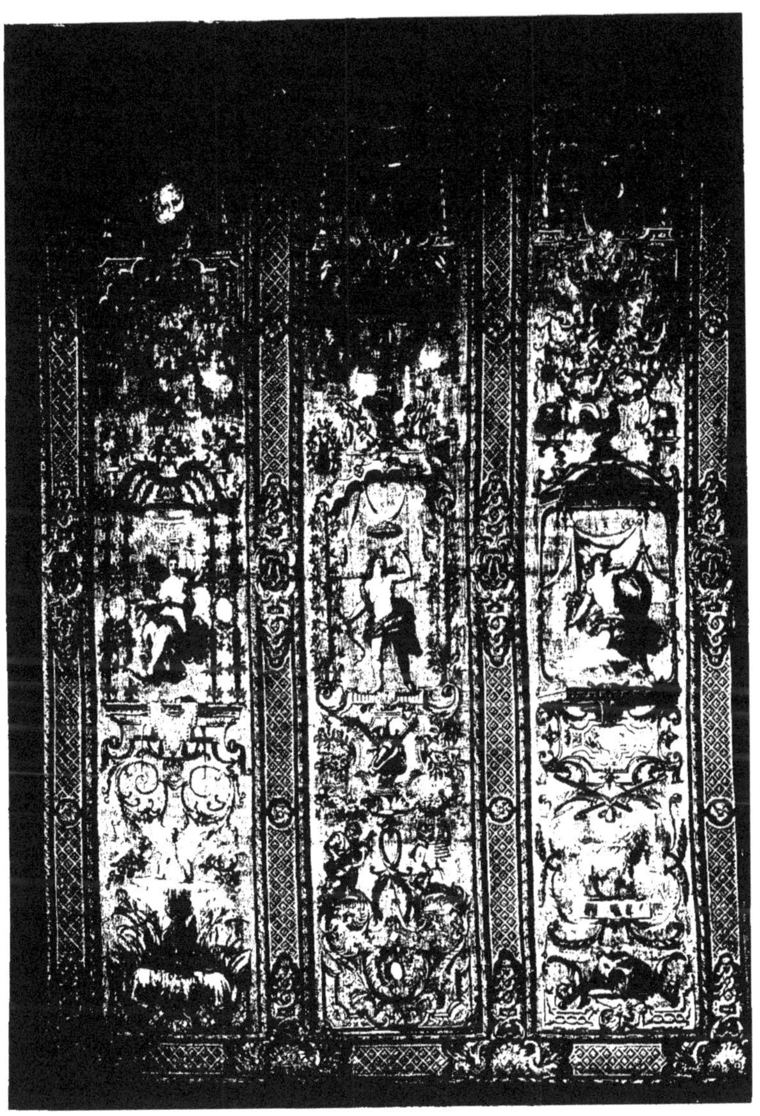

Les mois grotesques par bandes.
Avril, mai, juin ou Vénus, Apollon, Mercure, d'après Claude Audran.

par les entrepreneurs dans leurs ateliers extérieurs : sans doute, ils avaient obtenu l'autorisation tacite d'accepter cette commande. Une pareille autorisation n'était jamais refusée. Encore est-il intéressant de noter que les Mois grotesques par bandes n'ont jamais été reproduits dans la manufacture royale qu'une fois et en basse lisse. Les trois premiers et les trois derniers sortaient de l'atelier de Delacroix ; les autres sont l'ouvrage de Le Blond.

On a recopié en ces dernières années les Douze Mois grotesques, sans la bordure. Après avoir figuré à l'Exposition universelle de 1900, cette répétition a été offerte à l'empereur de Russie, lors de son récent séjour à Compiègne. Une réplique des trois derniers Mois, avec la bordure aux Dauphins, a été exécutée dans le but de compléter l'ancienne suite du Mobilier national.

A côté des mythologies de Claude Audran, trois ou quatre tentures peuvent être proposées comme les types caractéristiques de la minorité de Louis XV. La suite de Daphnis et Chloé, née du caprice d'un prince artiste, ne mérite qu'une simple mention. Elle ne sort pas d'ailleurs des ateliers officiels. Jans et Lefebvre l'ont tissée, à la demande du Régent, dans les ateliers qu'ils dirigeaient pour leur compte personnel et à leurs risques et périls. Les quatre pièces de cette tenture retracent en vingt scènes différentes les principaux épisodes du roman de Longus, auquel le duc d'Orléans avait donné un regain de célébrité. Elles se trouvaient récemment chez M. Lowengard.

Bien différente est l'histoire de la fameuse tenture de Don Quichotte. Celle-ci occupe presque sans interruption les tapissiers des Gobelins de 1718 à 1794. Elle tient un rang à part entre toutes les créations décoratives du XVIIIe siècle, et nulle autre série ne caractérise mieux que celle-là ce mélange intime de l'élément décoratif et des scènes historiques ou romanesques dont le XVIIIe siècle tira un si heureux parti. N'est-il pas singulier aussi que les mœurs si relâchées de la Régence n'aient exercé qu'une influence presque insignifiante sur les productions de l'art à cette époque ? On chercherait vainement dans les peintures d'Audran, de Coypel, comme dans celles de leurs contemporains, quelques traces de ces intentions licencieuses que trahissent les peintures de Boucher et de son école.

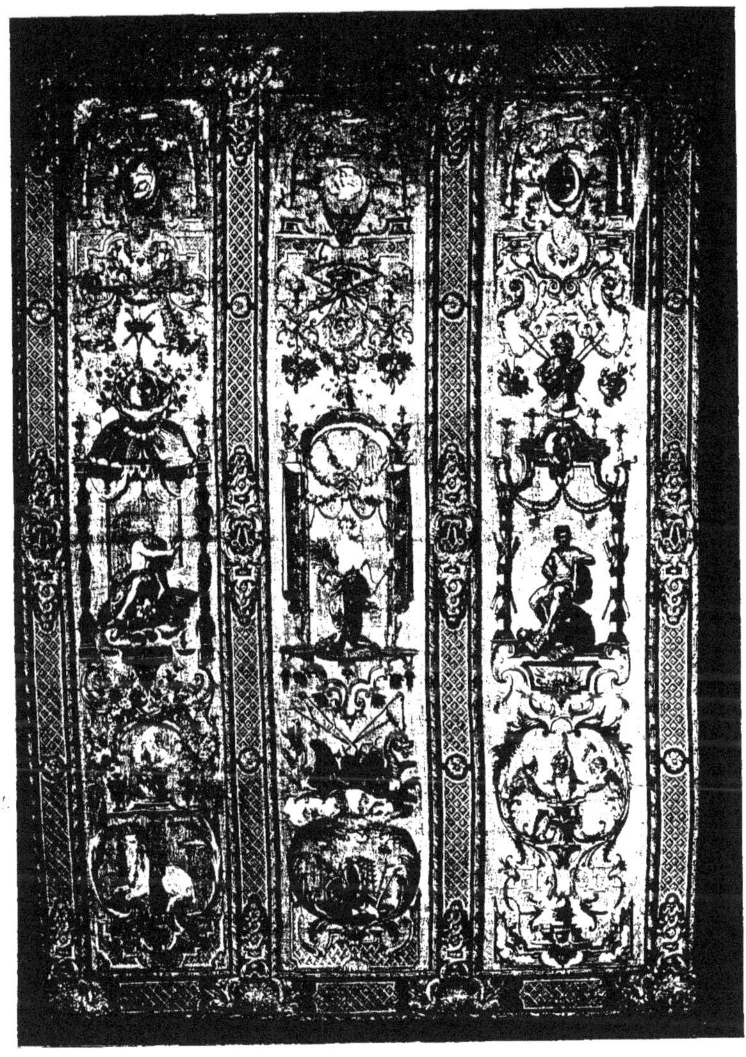

Les mois grotesques par bandes.
Juillet, août, septembre ou Jupiter, Cérès, Vulcain, d'après Claude Audran.

C'est même une particularité bien digne d'être notée que cette réserve et cette tenue des peintres ordinaires des Gobelins pendant les ministères du Régent et du duc de Bourbon.

Tous les sujets de la tenture de Don Quichotte, au nombre de vingt-huit, sont l'œuvre de Charles Coypel ; ils lui font certes beaucoup d'honneur. Charles Coypel avait vingt ans à peine quand il peignit le premier modèle, ce qui a fait attribuer longtemps une part de l'exécution à son père Antoine. Jusqu'en 1734 Charles ajouta chaque année quelque nouvel épisode à cette illustration du roman espagnol. Enfin, en 1751, peu d'années avant sa mort, il livrait le dernier sujet de la série : *Don Quichotte chez les filles de l'hôtellerie*.

Quelque habileté que Coypel ait déployée dans la composition de ces scènes agréables, c'est aux décorateurs chargés d'inventer les encadrements successifs des tapisseries que revient peut-être la meilleure part dans le succès de la tenture.

Le premier alentour, — on n'en connaît qu'un exemplaire chez M. le marquis de Vennevelle, — serait l'œuvre de Belin de Fontenay, peut-être assisté de Claude Audran. Les tapisseries de cette première suite, en haute lisse, furent tissées par Jans et Lefebvre. Elle comptait seulement douze sujets. Les reproductions données ici permettent d'apprécier l'originalité et le goût des encadrements. Un autre entourage fut imaginé par Ch. Coypel avec la collaboration d'Audran, de Fontenay fils et de Desportes, pour une tenture destinée au duc d'Antin ; celle-ci différait complètement, comme sujets, de la première. Nous ne nous arrêterons pas aux modifications successives de ces alentours, dont Coypel garda toujours l'initiative et la direction. Les pièces à fonds damassés, cramoisis ou jaunes, enrichis de guirlandes de fleurs, sont l'œuvre capitale de Louis Tessier et de Lemaire, peintres de fleurs bien oubliés aujourd'hui, malgré leur incontestable talent, parce que toute leur existence fut absorbée par ces travaux obscurs dont notre manufacture a recueilli le bénéfice. Pour donner une idée de la place considérable que l'*Histoire de Don Quichotte* occupe dans le travail de la manufacture au XVIIIe siècle, contentons-nous de constater que les recherches de M. Fenaille sont arrivées à cette conclusion : il a été tissé, de 1720 à 1794, deux cent quarante pièces de l'Histoire de Don

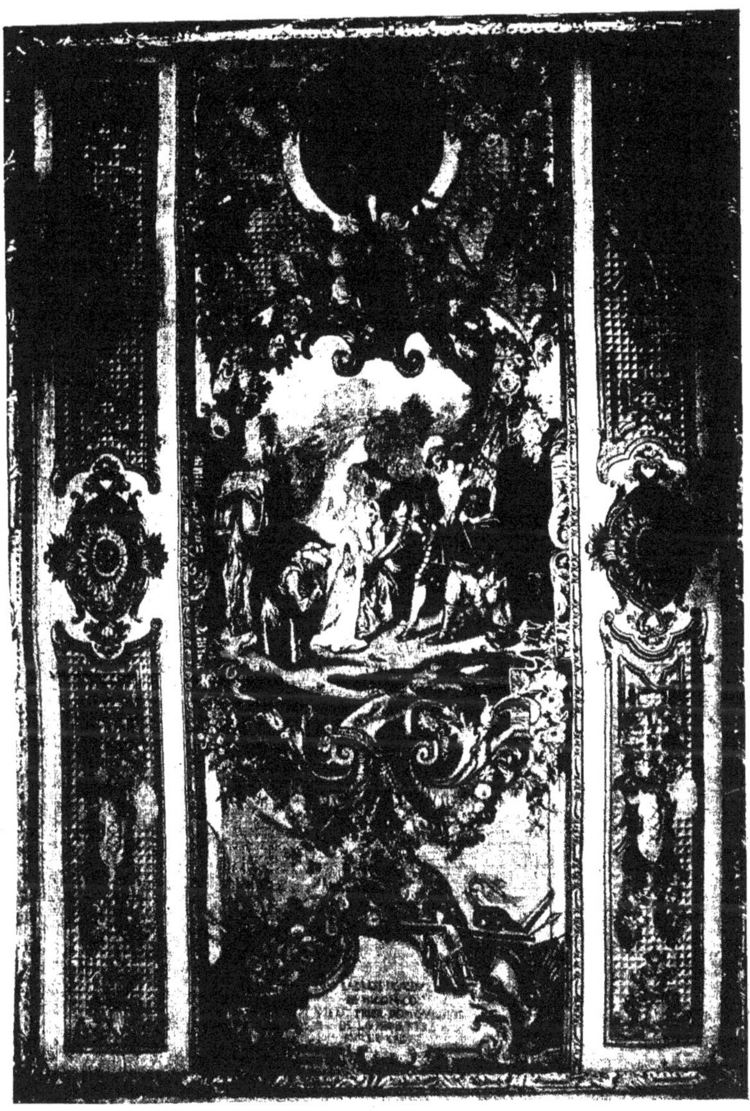

La fausse princesse de Micomicon. Première tenture de Don Quichotte, d'après Charles Coypel.

Quichotte, et, si certaines d'entre elles trahissent quelque défaillance, la plupart de ces tapisseries peuvent être comptées parmi les chefs-d'œuvre de l'art textile.

A un ordre d'idées tout différent appartiennent deux autres suites très originales du début du règne de Louis XV. Peut-être le duc d'Antin, dont l'administration, on le voit, ne fut pas sans éclat, eut-il un moment l'idée de rivaliser avec quelques-unes des productions les plus fameuses du règne précédent et conçut-il le dessein de représenter aux Gobelins les événements mémorables du nouveau règne. Comme le jeune roi n'avait aucune action d'éclat à son actif, il fallut s'arrêter à des événements généraux, à des scènes assez banales. De là l'idée de faire peindre par Charles Parrocel la visite de l'ambassadeur turc, Méhémet Effendi, reçu en audience solennelle, aux Tuileries, en 1721, par le jeune Louis XV, à peine âgé de onze ans. Le fait par lui-même offrait un médiocre intérêt ; mais il prêtait au déploiement de riches costumes orientaux, à un défilé de chevaux au milieu d'une foule bariolée, avec des soldats en uniforme et des dames du monde en grande toilette. Parrocel tira fort bon parti de ce programme et l'*Entrée de l'Ambassade turque dans le jardin des Tuileries*, comme la sortie du cortège après la réception royale, resteront une des représentations les plus sincères d'une cérémonie officielle du temps. Tout en respectant la vérité historique, le peintre s'est donné carrière ; il a su se servir de toutes les ressources du costume et du milieu. La taille réduite des personnages, au nombre de plusieurs centaines, contribue singulièrement à donner de l'ampleur et de la vie à la composition. Les deux tapisseries ne furent exécutées qu'une seule fois, dans l'atelier de Lefebvre, et terminées par Monmerqué. Elles étaient payées 410 livres l'aune carrée, prix énorme pour l'époque, justifié d'ailleurs par le détail et la longueur du travail. Peut-être est-ce le chiffre élevé de la dépense qui empêcha de reproduire une seconde fois des modèles aussi bien conçus pour le travail de la haute lisse et si plaisants à tous égards.

Dans les *Chasses de Louis XV*, Oudry fut chargé de retracer des scènes contemporaines, réunissant les principaux personnages de l'entourage du Roi. Les phases successives de la chasse à courre nous conduisent dans les sites les plus pittoresques des forêts de Compiègne et de Fontainebleau. Comme dans l'Ambassade turque, la taille des personnages ne dépasse pas la demi-nature, bonne proportion pour des tentures d'appartement. La série complète se développe en neuf tableaux. Commandées par le duc d'Antin vers 1733, les *Chasses de Louis XV* occupèrent les tapissiers jusqu'en 1745. Elles furent reproduites deux fois seulement; l'une des tentures, sortant des ateliers de Monmerqué et de Cozette, est restée en France, au Mobilier national; l'autre, signée Audran, fut acquise par le duc de Parme; elle fait aujourd'hui partie des collections de la Couronne d'Italie. Cette dernière, dans un état de conservation remarquable, a gardé toute la vivacité des tons. D'ailleurs, les pièces signées Audran se distinguent de celles de ses rivaux par la belle qualité de l'exécution.

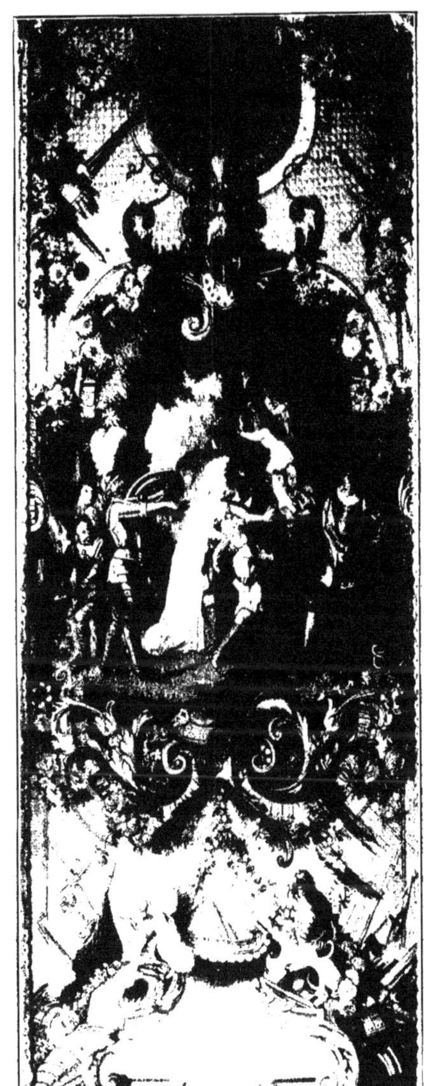

Basile épouse Guiterie. Tenture de Don Quichotte, d'après Charles Coypel.

Vers la même époque, la *Tenture des Indes*, dont le modèle original avait été offert à Louis XIV par le prince Maurice de Nassau, et dont la première reproduction avait occupé les tapissiers durant toute la seconde moitié du règne, fut entièrement repeinte et en partie modifiée par François Desportes. Aux animaux exotiques de l'ancienne tenture, il mêla des éléments nouveaux, des cerfs, des chiens et autres quadrupèdes de nos climats. Maintes fois reproduit, ce nouvel exemplaire de la suite des Indes était repris constamment quand les modèles venaient à faire défaut, et il resta sur le métier jusqu'en pleine période révolutionnaire. La *Tenture des Indes*, comme la plupart des autres tentures, compte huit pièces. Une suite conservée dans la salle du Conseil, au palais du gouvernement de l'île de Malte, se compose de dix panneaux parce que deux des sujets furent divisés. Commandées par le grand maître espagnol Ramon de Perellos, au début du XVIIIe siècle, les tapisseries de Malte ont été confiées récemment aux Gobelins pour y être réparées.

Nous passerons rapidement sur les autres séries de cette première période du règne de Louis XV. Certes, les scènes de l'*Ancien Testament*, d'après les modèles d'Antoine et de Charles Coypel, ou du *Nouveau Testament*, d'après Jouvenet et Restout, ne manquent ni de noblesse ni de magnificence; mais elles rentrent dans la catégorie des tapisseries-tableaux, suivant la juste définition de Mérimée. Sans doute, les auteurs de ces peintures mêlaient habilement leur science personnelle au goût de leur temps et savaient fort bien leur métier ; mais quelque talent qu'on y prodigue, des sujets religieux conviennent moins à la tapisserie que les fantaisies mythologiques ou les épisodes tirés des romans anciens et modernes.

Les dimensions et les scènes des tentures de l'*Ancien* et du *Nouveau Testament* les destinaient à la décoration des églises et des fêtes religieuses. De 1712 à 1792, Jans, Lefebvre, puis Neilson, ne produisirent pas moins de six tentures, généralement de huit panneaux ; soit en tout quarante tapisseries, représentant *Athalie*, *Jephté*, *Suzanne*, *Salomon*, *Tobie*, *Laban*, *Esther* et *Joseph*. Les huit tentures du Nouveau Testament, comptant au total quarante-deux pièces, représentaient la *Madeleine chez le Pharisien*, d'après Jouvenet, la *Pêche miraculeuse*, du même, la *Résurrection de Lazare*, les *Vendeurs chassés du Temple* et la *Cène*, aussi de Jouvenet; le *Lavement des pieds*, la *Guérison des Malades* et le *Baptême du Christ* de Res-

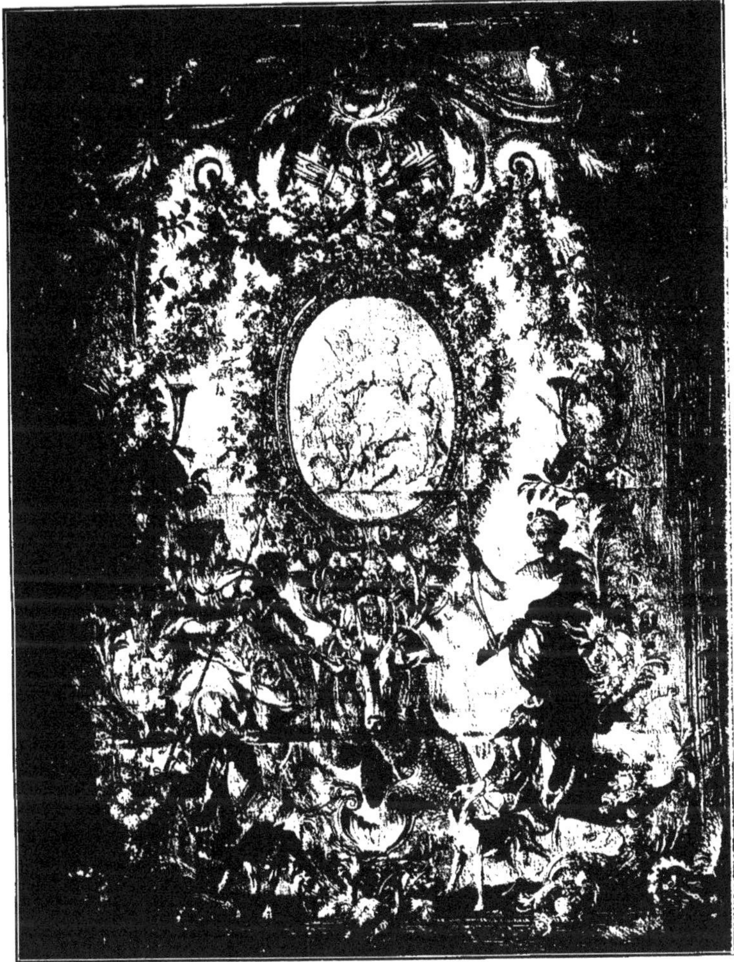

La nouvelle portière de Diane, d'après P.-J. Perrot.

tout. Les ateliers de Lefebvre, Monmerqué, Audran et Cozette traduisirent ces modèles de 1717 à 1786.

Les *Fragments d'Opéra*, encore de Charles Coypel, s'accommodaient mieux aux lois de la tapisserie. L'artiste s'est révélé en mainte circonstance, quand il fut chargé de travaux pour les Gobelins, fort bon décorateur, bien qu'il passe généralement pour un des moins habiles parmi les peintres de la famille des Coypel. Les quatre pièces des Opéras furent remises jusqu'à cinq ou six fois sur le métier avec encadrements différents. La tenture complète donnée à l'ambassadeur d'Espagne sous Louis XV a été vendue, il y a quelques années, à Gênes, plus de 600 000 francs. Les modèles représentaient : *Roland* ou les *Noces d'Angélique et de Médor*, dont un bel exemplaire sans bordure se voit dans les salles du Louvre ; *Renaud endormi ;* l'*Evanouissement d'Armide ;* l'*Ecroulement du palais d'Armide*.

Pour compléter la nomenclature des tapisseries de cette période nous signalerons sommairement la tenture des *Métamorphoses*, comptant une douzaine de sujets, tous dispersés aujourd'hui dans des collections privées, la nouvelle portière de *Diane* que nous donnons ici et celle des *Armes de France*, d'après Perrot, l'une et l'autre reproduites à un certain nombre d'exemplaires, une *Chancellerie* exposée au Louvre, enfin la tenture de l'*Iliade*, d'après Antoine et Charles Coypel. Les cinq tableaux de cette suite représentent la *Colère d'Achille*, *Hector et Andromaque*, *Enée et Didon*, le *Sacrifice d'Iphigénie*, le *Départ d'Achille*.

V

La seconde moitié du règne de Louis XV et le règne de Louis XVI (1737-1792)

Après la mort du duc d'Antin (novembre 1736), la direction des Bâtiments du Roi échut à Philibert Orry, comte de Vignory, contrôleur général des Finances, dont La Tour nous a laissé un si beau portrait, récemment identifié parmi les anonymes du Louvre par M. Maurice Tourneux. Orry resta huit ans en fonctions et céda la place, en 1745, à Lenormant de Tournehem, chargé de la garder pour le frère de la toute-puissante favorite, M. de Vandières, devenu, peu après sa nomination, marquis de Marigny. Obligé de prendre sa

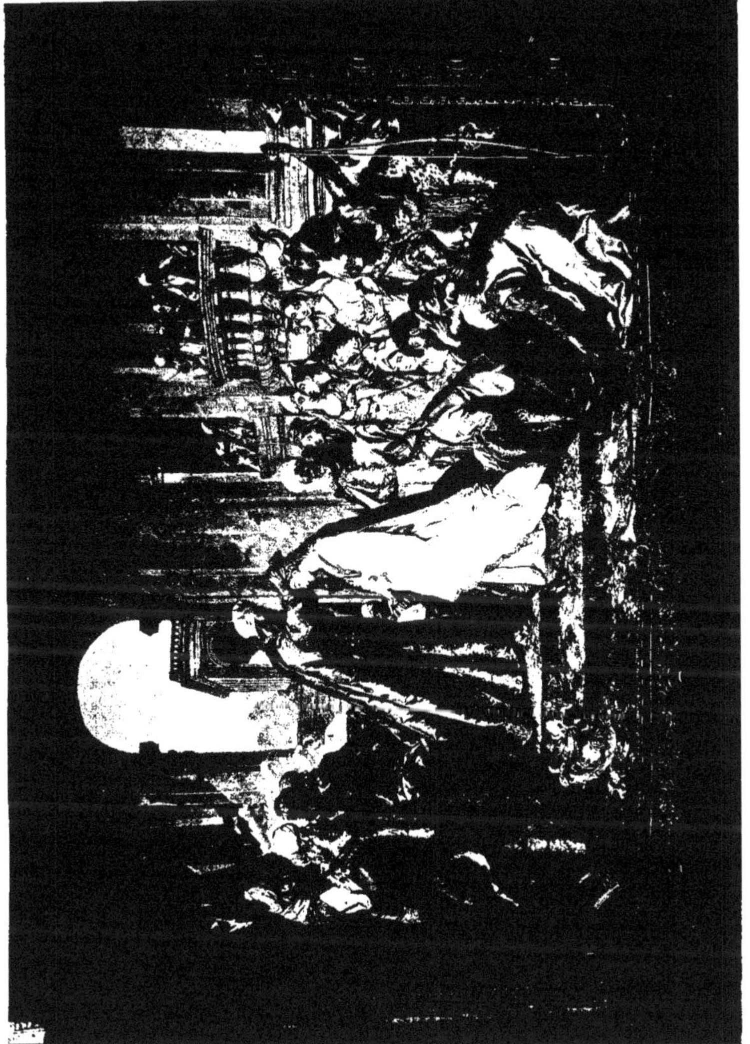

Le Couronnement d'Esther, d'après Jean-François de Troy.

retraite en 1773, le marquis de Marigny eut pour successeur l'abbé

Terray dont l'administration éphémère dura deux ans à peine. Il fut remplacé par le comte d'Angiviller qui resta directeur environ dix-sept ans, de 1774 à 1791. Ce dernier partage avec le marquis de Marigny l'honneur d'avoir exercé une réelle influence sur les travaux de la manufacture durant les années qui séparent la mort du duc d'Antin de la Révolution.

Au cours du xviiie siècle, la direction administrative des Gobelins appartint presque exclusivement à des architectes. A Jules-Robert de Cotte, nommé en 1706, succède, en 1745, Garnier d'Isle, autre architecte, remplacé lui-même par Soufflot Ce dernier s'occupe de la direction de la manufacture pendant vingt-cinq ans, de 1755 à 1780. A sa mort, le peintre Pierre hérite de sa charge et la garde jusqu'en 1789. Parmi les directeurs artistiques spécialement chargés de la surveillance des ateliers, figurent les peintres Oudry, de 1733 à 1755, François Boucher, de 1755 à 1771, enfin Noël Hallé, de 1771 à 1775.

Parmi les modèles exécutés au début de cette période, nous rencontrons d'abord une série dont la commande paraît encore appartenir à l'initiative du duc d'Antin. Si les premières pièces de l'*Histoire d'Esther* par Jean-François de Troy furent mises sur le métier en 1739, la commande des tableaux remonte certainement à quelques années avant cette date. François de Troy exposait la *Toilette d'Esther* en 1737 et l'*Évanouissement* en 1738. Ces deux compositions, notons-le en passant, sont peut-être les meilleures de la suite. Les autres tableaux suivent d'année en année; les derniers sont envoyés de Rome où l'artiste dirigeait l'Académie de France. Parmi ceux-ci, le *Triomphe de Mardoché* mérite une mention particulière, et se place au premier rang. Quand on songe à la facilité et à la verve inépuisable que les maîtres de ce temps-là déploient dans la conduite de ces vastes compositions d'un si brillant aspect, on ne peut qu'être frappé du contraste qu'elles offrent avec les modèles exécutés de nos jours pour la tapisserie.

Rappelons-nous que quatre ou cinq années suffirent à de Troy pour achever ces compositions d'Esther d'un effet si riche et de si vastes proportions, et nous admirerons une pareille habileté et cette belle ardeur au travail. Commencée en 1737, la tenture est entièrement terminée en 1742. Les derniers tableaux furent peints à Rome où notre artiste savait mener de front la peinture de ses modèles

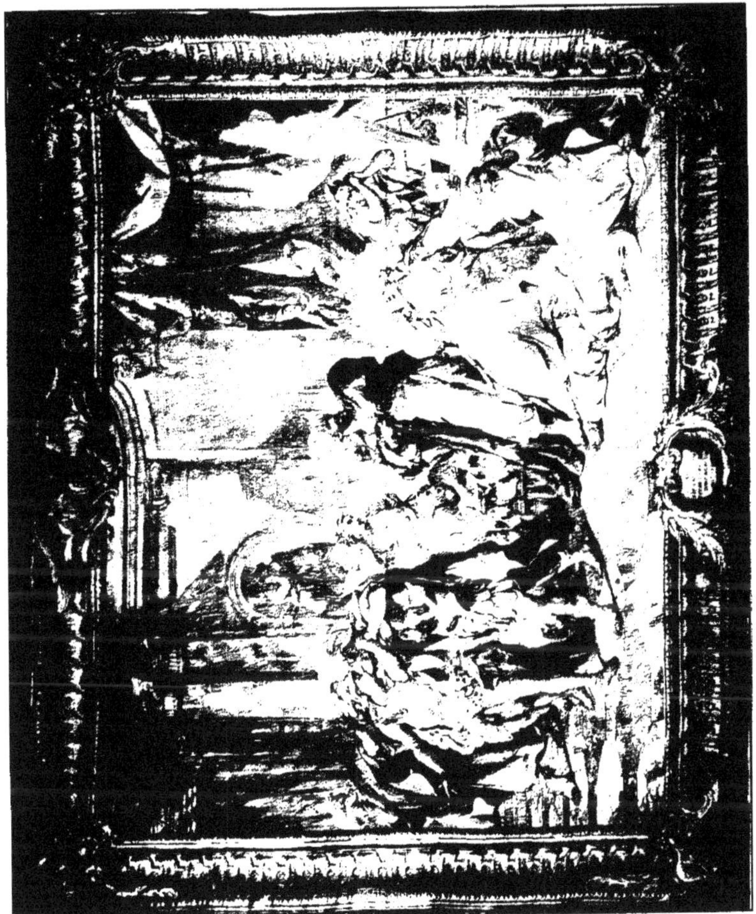

La mort de Créuse, d'après Jean-François de Troy.

et la direction de l'Académie de France mise par lui sur un pied très brillant.

Cette suite d'Esther fait également honneur au peintre et aux tapissiers. Aussi fut-elle recommencée jusqu'à treize fois : on entreprit même une quatorzième tenture qu'on ne termina pas ; en tout.

quatre-vingt-quinze tapisseries. Les pièces signées Audran ont une incontestable supériorité sur celles qui portent le nom de Monnerqué ou de Cozette, supériorité bien constatée lors de l'exposition rétrospective des Gobelins de 1902. La tenture complète se compose de sept sujets : *Évanouissement d'Esther, Toilette de la Reine, Repas d'Esther, Refus de Mardoché de se prosterner devant Aman, Triomphe de Mardoché, Aman implorant sa grâce, Couronnement d'Esther.*

La nouveauté de ces scènes contribua sans doute à leur succès ; mais le talent de l'artiste y eut la meilleure part. Aussi, le directeur des Bâtiments du Roi s'empressa-t-il de commander à de Troy une autre suite de sept panneaux.

Cette fois, ce fut la mythologie qui dut inspirer l'artiste. Les sujets furent empruntés au livre septième des métamorphoses d'Ovide contenant le récit des aventures de Jason et de Médée. De Troy avait terminé dès 1748 et exposait au Salon de l'Académie toute la série de ses tableaux. Il avait choisi les épisodes suivants : *Médée remet à Jason l'herbe enchantée ; Jason domptant les taureaux ; Combat des guerriers nés des dents du serpent ; Jason s'empare de la Toison d'or ; Jason épouse Créuse ; Médée se venge par l'envoi d'une robe empoisonnée à Créuse ; Médée poignarde les deux fils qu'elle avait eus de Jason.* Commencées sans retard, les tapisseries étaient sur le métier en 1750. Mais cette suite paraît avoir eu moins de succès que celle d'Esther. Ces combats, ces massacres, la mort de Créuse et de son frère offraient des spectacles peu agréables, presque répugnants pour la délicatesse des petites maîtresses de la belle société. Le peintre avait vieilli et l'histoire de Jason n'a plus la verve et les délicatesses de l'œuvre précédente. On remarque parfois de la confusion et de l'obscurité dans la distribution des scènes. Et pourtant, la tenture entière fut encore reproduite onze fois.

Les chefs de notre école étaient alors appelés tour à tour à travailler pour les Gobelins. C'était leur ambition et leur gloire. Mais de tous les artistes favoris de la marquise de Pompadour, François Boucher occupe le premier rang. Ne fut-il pas le peintre préféré, non pas seulement de la favorite, mais de toute la Cour ? Aussi, sont-ils nombreux les modèles dont il reçoit la commande pour les deux manufactures royales de tapisseries. Les différentes séries de modèles peints par Boucher sont assez difficiles à préciser. Il ne se faisait pas faute de se recopier lui-même et de répéter souvent la

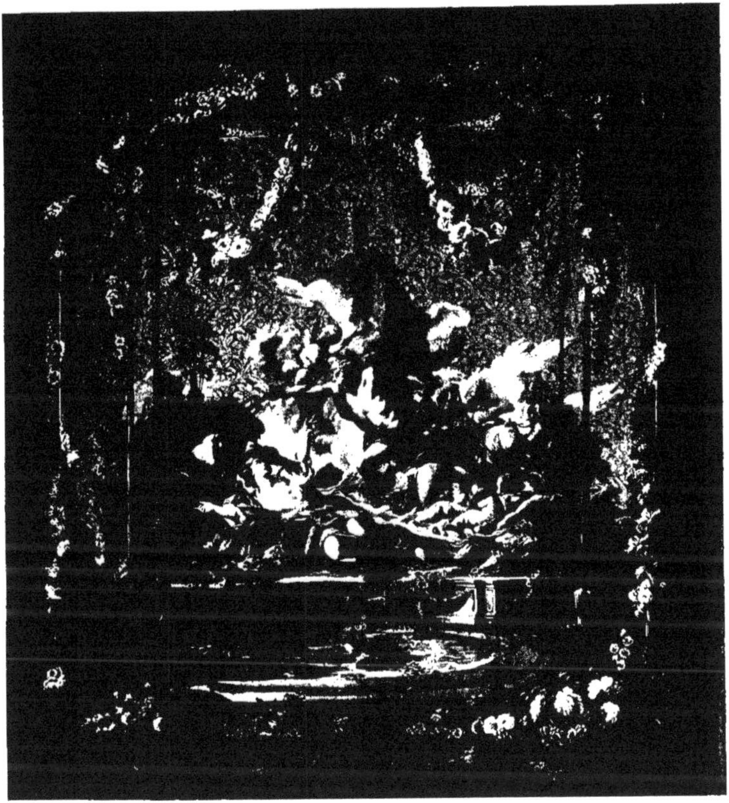

Neptune et Amymone, d'après François Boucher.

même scène, avec ou sans variantes. Les *Sujets de la Fable* se confondent en partie avec les *Amours des dieux*, et parfois le *Lever* et le *Coucher du Soleil* sont réunis aux *Sujets de la Fable*. M. Fenaille arrivera sans doute à débrouiller complètement ces questions assez confuses. N'oublions pas que les mêmes scènes mythologiques ont parfois servi pour les Gobelins et pour Beauvais.

La tenture des *Amours des dieux* se compose des sujets suivants : *Vertumne et Pomone*, l'*Aurore et Céphale*, *Neptune et Amimone*, *Vénus et Vulcain*, l'*Enlèvement d'Europe*, *Jupiter et Calisto* ; certaines de ces compositions font aussi partie des Sujets de la Fable, avec *Vénus sur les eaux*, et aussi *Pluton et Proserpine*.

Qui ne connaît l'admirable exemplaire des *Amours des dieux*, en quatre médaillons sur fond cramoisi, enrichi de guirlandes et de

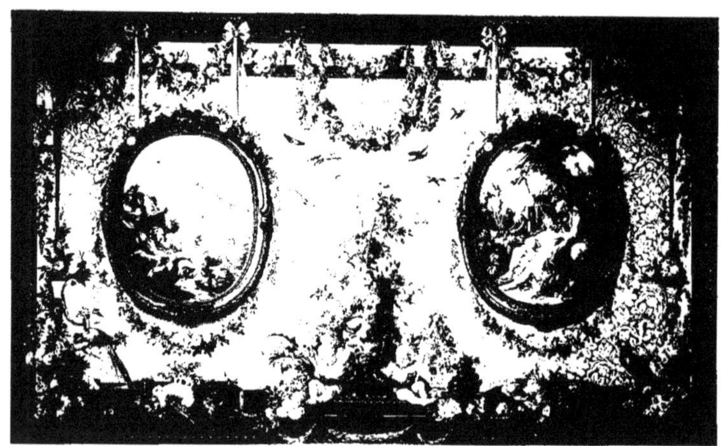

L'Aurore et Céphale, Vertumne et Pomone, d'après Boucher et Tessier.

bouquets de fleurs, placé dans une des salles du mobilier du Musée du Louvre ? Quand ils parurent, le succès fut prodigieux, et des étrangers de distinction, alors de passage à Paris, s'empressèrent de commander pour leurs châteaux princiers plus d'une réplique des tapisseries en vogue. Il en existe, assure-t-on, un exemplaire admirablement conservé, en Angleterre, chez le marquis de Jersey. Celui qui avait été commandé et exécuté pour les appartements du comte de Coventry et qui ne quitta pas, pendant plus d'un siècle, la place où il avait été installé vers 1770, a été rapporté récemment en France par les soins d'un amateur distingué.

A la même série mythologique appartient ce panneau de *Vénus et Vulcain*, conservé dans le musée des Gobelins. Il porte la signature de Boucher avec celle de Cozette et la date de 1771. C'est certainement une des œuvres les plus parfaites du maître tapissier

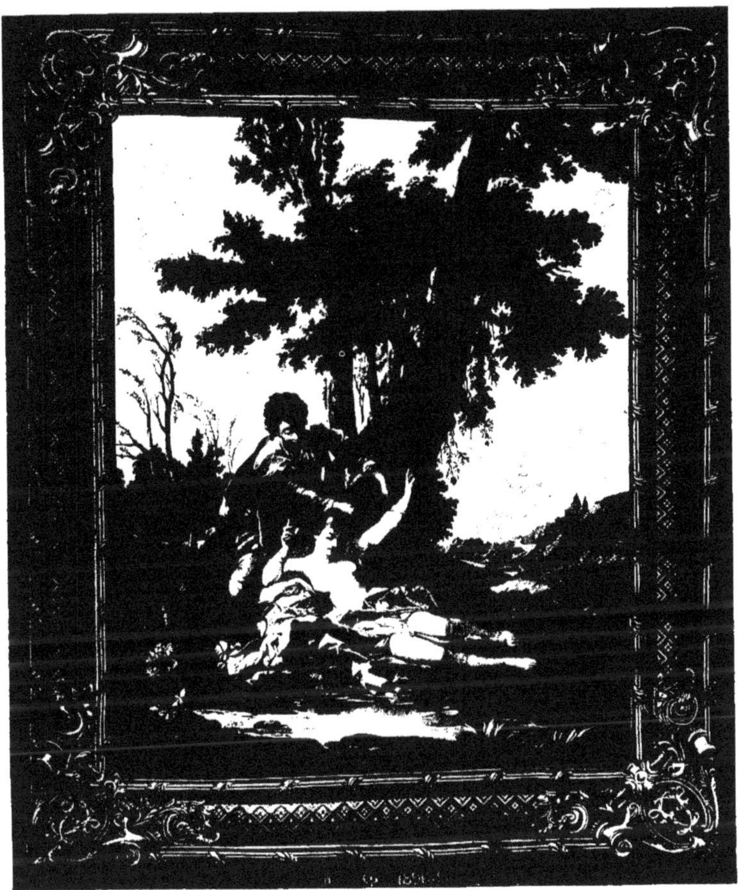

Aminte et Silvie, d'après Boucher.

dont la carrière se prolonge de 1740 à 1801. Le modèle de cette pièce qui appartient au musée du Louvre est certainement du nombre des bons tableaux de son auteur. Or, nous ne craignons pas de l'affirmer, la tapisserie l'emporte de beaucoup sur la peinture par l'harmonie, la délicatesse des tons, le charme de l'ensemble. Les *Amours des dieux*, non plus que les *sujets de la Fable*, n'ont eu la vogue des tentures de François de Troy ; peut-être aussi les difficultés d'exécution furent-elles un obstacle à leur expansion. Les exemplaires qu'on en connaît sont moins nombreux que ceux de la suite d'Esther. Leur traduction fut commencée dès 1741 ; une partie des tentures est l'œuvre de Neilson ; d'autres portent la signature de Cozette.

Boucher laissa encore d'autres modèles aux Gobelins. Ce sont : *Le But*, *Aminte et Silvie*, *les Pastorales*. Les deux peintures originales d'Aminte et Silvie existent encore à la manufacture. On a plusieurs fois, en ces dernières années, reproduit la scène principale représentant la *Délivrance de Sylvie* on la trouvera ci-contre. Le *But* a fourni diverses interprétations, tantôt en hauteur, tantôt en largeur. Quant aux *Pastorales*, il ne faut pas les confondre avec les sujets identiques, souvent recopiés à Beauvais. Les pastorales des Gobelins se composent de *la Pêche*, *la Bonne Aventure* et de *Vertumne et Pomone*. Ce dernier modèle figure aussi, comme on l'a vu, parmi les *Amours des Dieux* et les *Sujets de la Fable*.

Le talent du peintre Charles Natoire, dont le palais des Archives nationales conserve l'œuvre maîtresse dans le fameux salon ovale de la princesse de Soubise, était de ceux qui pouvaient le mieux se prêter aux lois de la tapisserie. Trois modèles inspirés par l'*Histoire de Marc Antoine et de Cléopâtre* lui furent demandés vers 1750, et on en resta là. Natoire, il est vrai, partit vers cette époque pour remplacer à Rome, comme directeur de l'Académie, son confrère de Troy. Mais les grandes compositions représentant l'*Arrivée de Cléopâtre à Tarse*, le *Triomphe de Marc Antoine* et le *Repas de Cléopâtre*, semblent avoir eu peu de succès ; la tenture ne fut exécutée que deux fois, en 1751 et en 1761.

Dans la seconde moitié du XVIIIe siècle, le tapissier engage la lutte avec la peinture. Par un oubli fâcheux des règles élémentaires de l'art, on lui demande des reproductions de portraits.

De véritables chefs-d'œuvre en ce genre sont livrés par Cozette qui, à son habileté de tapissier joignait un certain talent de peintre. Cozette a signé le portrait en pied de Louis XV d'après

Louis-Michel Van Loo, aujourd'hui au musée de Versailles, les effigies en buste de Louis XV et de Henri IV, exposés au palais de

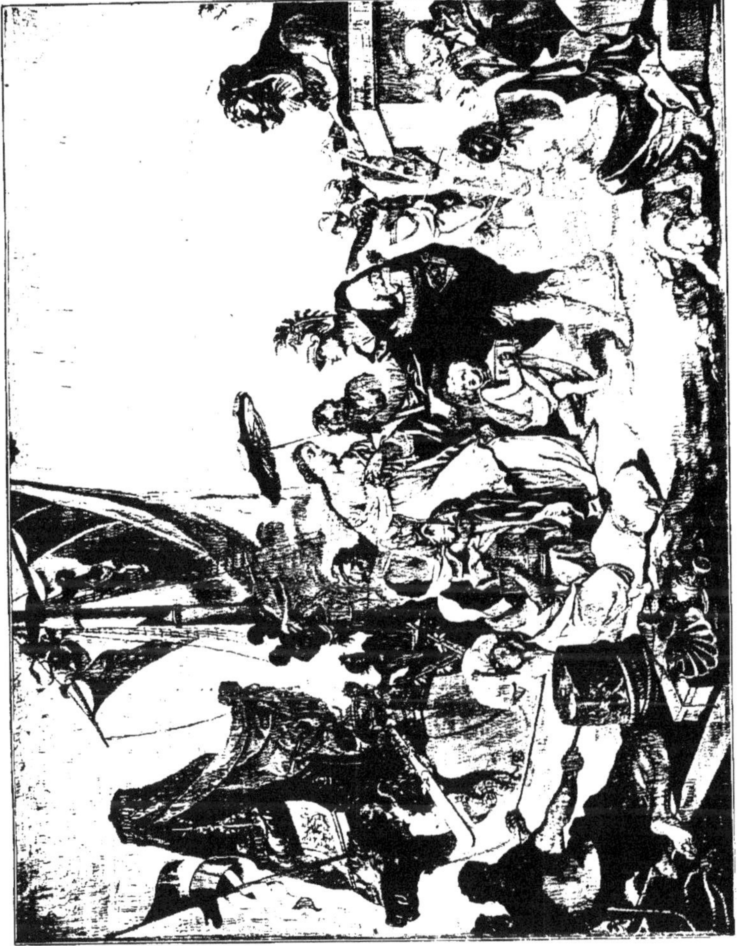

Antoine et Cléopâtre, d'après Charles Natoire.

Fontainebleau, enfin les quatre tapisseries représentant Louis XV, Marie Leczinska, Louis XVI et Marie-Antoinette, dont le financier Beaujon fit don à la Chambre de Commerce de la ville de Bordeaux et qui s'y trouvent encore.

En même temps qu'on répète constamment les modèles de Desportes (*Les Indes*), de J.-F. de Troy (*Esther* et *Jason*) et de Boucher (*Les Amours des Dieux*), plusieurs autres artistes reçoivent de nouvelles commandes. Restout peint deux compositions représentant *Pygmalion* et *Apelle*, ou la *Peinture* et la *Sculpture*; Amédée Van Loo livre la suite des *Costumes Turcs*, en quatre panneaux. Les *Quatre Saisons* de Callet, symbolisées par des Fêtes antiques, nous annoncent une évolution complète dans la direction du goût public. De l'avènement du comte d'Angiviller (1774) date la tendance nouvelle imposée aux peintres. Le retour à l'antiquité conventionnelle de Vien et de David a précédé de plusieurs années, on le sait, la Révolution de 1789; on pourrait presque dire qu'elle l'a en quelque sorte préparée. Les grandes traditions décoratives du XVIIIe siècle se perdent; on ne se préoccupe plus, détail significatif, des bordures. Certaines tapisseries de cette période ne reçoivent pas d'encadrement. Le directeur des Bâtiments commande aux artistes des sujets tirés de l'histoire ancienne; les scènes mythologiques ont passé de mode. Alors, Vincent peint toute une série de compositions fournies par l'histoire de Henri IV, dans un style qui n'a rien de gracieux. Parfois, ces petits tableaux reçoivent encore un encadrement de guirlandes de fleurs. Mais les scènes de l'*Histoire de France* commandées à Suvée, à Durameau, à Berthélemy, à Ménageot, à Brenet, à Lebarbier, sont conçues dans un sentiment absolument contraire aux principes les plus élémentaires de la décoration. Ne va-t-on pas bientôt suggérer à ces représentants de l'art nouveau, c'était alors l'école de David, qui avait toute la faveur, de retracer le *Courage des femmes spartiates*, *Cornélie mère des Gracques*, et autres motifs inspirés par l'antiquité grecque ou romaine telle qu'on la concevait alors!

Ainsi, la grande erreur qui a entraîné la décadence complète de la tapisserie au XIXe siècle remonte à une date bien antérieure. Dès le règne de Louis XVI, le mouvement s'accuse; on n'apprécie plus que la copie fidèle de la peinture; on demande aux tapissiers, non plus une interprétation intelligente, mais une sorte de décalque de l'original. Sous l'influence des idées régnantes, le comte d'Angiviller déploie une rare activité à entraîner la tapisserie dans des voies déplorables. Or, jamais les tapissiers, on doit le constater, n'ont montré autant de virtuosité dans l'exécution qu'à ce moment précis. Ils ne sont pas coupables des fautes de goût qui leur sont imposées. On ne saurait trop déplorer que l'incontestable talent des Audran, des Cozette et de leurs émules ait été employé à de pareilles besognes.

Nous n'avons parlé jusqu'ici que des tentures murales et des grandes compositions historiques ou mythologiques exécutées sur les métiers des Gobelins. Mais les tapissiers furent souvent chargés de tisser des sièges et de petits meubles, canapés, fauteuils, écrans, paravents, pour accompagner les grandes tapisseries décoratives. La manufacture des Gobelins empiétait ainsi quelque peu sur les attributions de Beauvais qui ne se faisait pas faute, de son côté, de rivaliser avec l'atelier des Gobelins en travaillant à de grands panneaux, comme les *Actes des Apôtres* de la cathédrale de Beauvais. Les Gobelins conservent encore une certaine quantité de modèles pour garniture des sièges, canapés ou fauteuils, remontant au XVIIIe siècle. Signalons la série des sièges peints par Louis Tessier pour accompagner la tenture de Don Quichotte. Ce sont de simples bouquets de fleurs jetés sur un fond damassé ; mais avec quelle sûreté de main, avec quelle élégance sont dessinés et composés ces ornements, on peut s'en rendre compte en parcourant nos ateliers où ces précieux panneaux, récemment rentoilés et encadrés, sont mis en permanence sous les yeux du public. Naguère, ils gisaient entassés et oubliés au fond d'un magasin humide. Les voilà sauvés maintenant; si nos décorateurs pouvaient les étudier à loisir dans des salles d'exposition plus claires et moins encombrées que nos ateliers, ils y trouveraient certainement de précieuses leçons et de fécondes inspirations.

VI

La manufacture des Gobelins depuis la Révolution jusqu'à nos jours (1792-1905)

Nous avons signalé les causes de la décadence de l'art décoratif et, par suite, de la tapisserie, vers la fin du XVIIIe siècle. Le mal ne fait que s'aggraver pendant le cours du siècle suivant. En dépit de timides et rares tentatives pour modifier cet état de choses, il sera impossible de remonter le courant et de revenir à une plus saine appréciation du rôle et des exigences de l'art qui nous occupe.

Au début de la Révolution, la situation des entrepreneurs était devenue des plus précaires ; tous étaient ruinés. M. Lacordaire l'a démontré dans son excellente notice de 1853. Par suite, ils demandaient à ne plus être désormais que chefs d'atelier avec traitement fixe. La Révolution réalisa cette réforme capitale. Elle s'occupa aussi de la révision des modèles. Nous insisterons plus loin sur ces deux innovations.

Guillaumot, architecte des carrières de Paris, avait remplacé Pierre à la tête de la manufacture en 1789 ; il dut se retirer en 1792 et céder la place à Jean Audran, l'ancien entrepreneur de haute lisse, bientôt supplanté lui-même par un sous-inspecteur des ateliers, Augustin Belle, fils de Clément Belle (1793-1795). Celui-ci s'efforça de justifier le choix du ministre par ses manifestations républicaines. On raconte qu'il avait inscrit sur la porte de son cabinet les mots : *Ici on se tutoie*. Sous sa gestion sont brûlées en l'honneur des martyrs de la liberté nombre de tapisseries à emblèmes monarchiques. Audran revient en 1795, après un court séjour en prison ; mais il meurt deux mois après son retour, et Guillaumot, réintégré la même année, reste en place jusqu'à sa mort. Chanal, chef de bureau, occupe le cabinet directorial de 1807 à 1810 et le cède au peintre Lemonnier qui garde ses fonctions jusqu'à la Restauration. Il a pour successeur un officier d'artillerie, le baron des Rotours (1816-1833).

Pendant toute la durée de la Révolution, la manufacture vécut sous la menace constante de suspension des travaux. Très irrégulièrement payés, les tapissiers subissaient encore d'énormes pertes par suite de la dépréciation du papier. On essaya de vendre quelques tentures pour faire face aux dépenses les plus urgentes ; mais l'époque n'était guère favorable, et les plus belles tapisseries du XVIIIe siècle, passées de mode, ne trouvèrent pas acquéreur. C'est sous le Directoire que fut suggérée à un ministre l'idée néfaste d'envoyer à la Monnaie et de faire brûler quelques-unes des plus fameuses séries de la collection royale pour convertir en espèces d'or et d'argent le métal qu'elles renfermaient. On se procura ainsi une somme de cinquante ou soixante mille livres qui servit à payer les traitements arriérés des employés. Le nombre des tapisseries ainsi sacrifiées

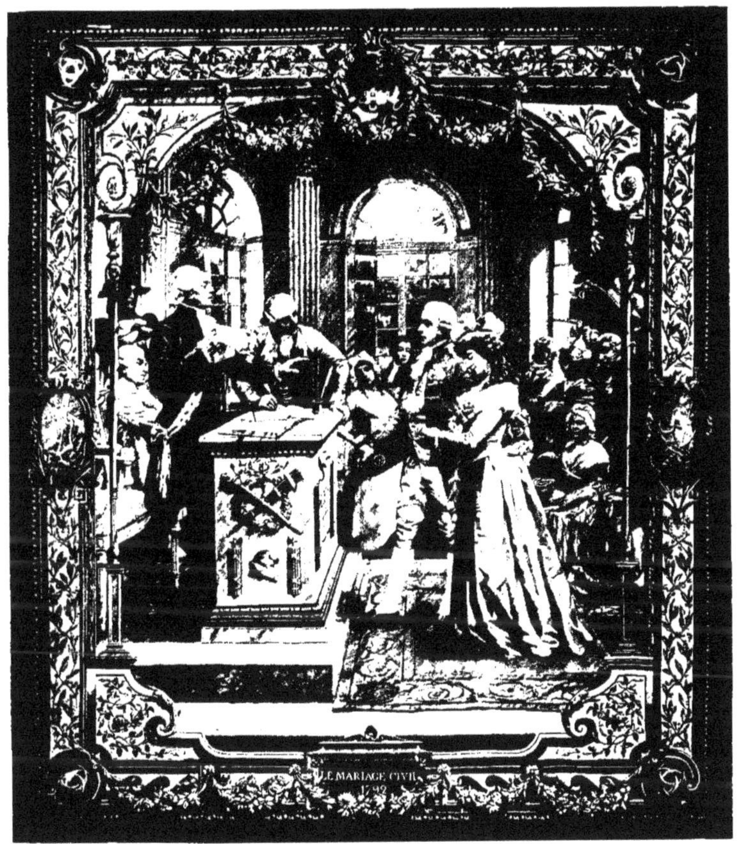

Le mariage civil, d'après M. Georges Claude.

s'élevait à cent soixante. C'étaient les pièces les plus précieuses de la collection royale. Une parfaite correction administrative avait présidé d'ailleurs à cette opération monstrueuse.

Les tapissiers payèrent, eux aussi, leur dette de sang au dieu du jour. L'aumônier de la manufacture, arrêté pendant le mois d'août 1792, n'existait plus en septembre. Il disparut évidemment lors des massacres des prisons. Un tapissier de haute lisse, nommé Mangelschot, commit l'imprudence d'interrompre le discours d'un conventionnel dans un club. Traduit devant le tribunal révolutionnaire, il paya de sa tête son interruption.

A part les entraves de toutes sortes que l'état des esprits opposait à un travail régulier, le choix des modèles avait créé de grosses difficultés. Les anciennes scènes religieuses, les sujets monarchiques, étaient rigoureusement proscrits. La Convention avait bien ordonné aux tapissiers de reproduire les effigies de Marat et de Lepelletier Saint-Fargeau, d'après les portraits commandés à David ; c'était insuffisant dans tous les cas pour occuper une centaine d'ouvriers.

Le jury des arts reçoit alors la mission de faire un choix parmi les anciens modèles et de désigner ceux que le puritanisme républicain permettait de conserver. Cette commission comptait des hommes distingués dans tous les genres, les peintres Prudhon, Ducreux, Vincent, l'architecte Percier, les littérateurs Bitaubé, Legouvé, d'autres encore. Elles se transporta aux Gobelins en septembre 1794 et y tint seize séances. Douze tapisseries en cours d'exécution furent immédiatement suspendues. Sur trois cent vingt et un modèles examinés, cent vingt sont proscrits comme anti-républicains, fanatiques ou insuffisants. Cette dernière épithète s'applique surtout aux Boucher ; cent trente-six sont rejetés sous le rapport de l'art. Vingt seulement échappent à cette hécatombe et trouvent grâce devant ces sévères puritains. Un exemple suffira pour donner une idée de l'esprit qui présidait à ces délibérations. Voici le jugement porté sur le *Siège de Calais* par Berthélemy : « Sujet regardé comme contraire « aux idées républicaines ; le pardon accordé aux bourgeois de Calais « ne leur étant octroyé que par un tyran, pardon qui ne lui est « arraché que par les larmes et les supplications d'une Reine et « du fils d'un despote ; rejeté. En conséquence, la tapisserie sera « arrêtée dans son exécution. »

Dans le courant de ce même mois de septembre 1794, l'organisation de la manufacture subit une modification radicale. Sous l'ancien régime, les tapissiers travaillaient aux pièces et étaient payés en proportion de leur production, suivant un tarif établi en tenant compte de la difficulté de l'ouvrage. Sans doute, ce système n'était pas parfait ; le mesurage avait donné lieu à d'interminables discussions; mais il était assez juste que chacun fût rétribué d'après son effort et son mérite. Cette organisation équitable fit place à une division des tapissiers en quatre classes, plus trois classes d'apprentis. Le traitement quotidien variait, suivant la classe, de 7 à 4 livres pour les tapissiers, de 2 livres à 1 livre 25 centimes pour les apprentis. L'unification des traitements dissimulait en réalité une choquante iniquité. Est-il juste qu'un ouvrier donnant un travail double de son voisin reçoive la même rémunération, si la qualité du travail reste la même ? Ce mode de rétribution des tapissiers est appliqué depuis 1794. Il a été plusieurs fois question de revenir à l'ancien système ; on a dû y renoncer, en raison des graves objections qu'il rencontre. En effet, pour augmenter leur gain, les ouvriers en étaient venus à sacrifier la perfection. Loin de les retenir, les chefs d'atelier les poussaient dans cette voie, paraît-il, et ne se prêtaient pas à l'exécution des instructions du surinspecteur quand il exigeait qu'on recommençât une certaine partie d'ouvrage. C'est donc aussi bien pour assurer la qualité du travail que pour mettre fin à d'interminables récriminations que le nouveau mode de rétribution a été adopté. Il a d'ailleurs conféré aux tapissiers le droit, fort apprécié, à une pension de retraite. Enfin, un système de primes annuelles permet de compenser en partie l'inégalité choquante constatée parfois entre le travail effectué et la somme reçue par le travailleur.

Une liste des tentures entreprises, puis interrompues, pendant cette période agitée offrirait peu d'intérêt. Quelques exemples suffiront pour donner une idée des préférences du jury des arts chargé du choix des modèles. Il aime surtout les sujets de chasse qui, du moins, n'ont pas de couleur politique, puis les scènes antiques : *Borée et Orythie*, de Vincent, *Déjanire et Nessus*, du Guide, l'*Education d'Achille*, par Regnault, l'*Etude voulant arrêter le Temps*, de Ménageot, enfin les *Muses*, de Le Sueur. Personne ne se doute à cette époque que les qualités décoratives d'une peinture doivent prévaloir sur toute autre considération. Cet état de choses se perpétuera durant tout le XIXe siècle; c'est à peine si on commence à réagir contre cette méconnaissance de tous les principes fondamentaux.

Napoléon Ier dut se conformer au goût régnant et ne songea guère à demander aux Gobelins que la glorification de son règne et de ses victoires; il parvint du moins à rétablir une stricte discipline dans les ateliers et il montra une sollicitude constante pour les travaux de la manufacture. Les Gobelins avaient été placés dans la dotation de la liste civile et relevaient directement de l'Empereur. Celui-ci décida qu'aucune tapisserie ne serait mise en train que sur son ordre, et même, au cours de ses campagnes, rien n'était commencé sans qu'il eût été consulté. Pendant la durée de son règne, il ne fut pas exécuté moins de deux portraits en pied et dix en buste de l'Empereur; deux autres ne furent pas terminés. De l'impératrice Joséphine, deux portraits en pied, quatre en buste, dont un seul achevé; de Madame Mère, un portrait en pied; enfin, le portrait du Roi de Rome en buste.

Si on additionnait tous les portraits des souverains et des princes de leur famille, livrés par les Gobelins pendant le cours du XIXe siècle, on dépasserait certainement le chiffre de cinquante. Nous venons d'en énumérer vingt-six pour le premier Empire. On avait de plus projeté d'exécuter une tapisserie des portraits de Napoléon et de Marie-Louise d'après un buste de marbre, avec entourage de Van Pool. Pour utiliser cet encadrement qui n'avait pas été employé, on substitua, sous la Restauration, l'Empereur et l'Impératrice de Russie, d'après un buste de Rutxhiel et un autre buste, aux têtes de Napoléon Ier et de Marie-Louise.

L'Empereur voulait que toutes les grandes scènes de l'épopée napoléonienne fussent traduites en tapisserie. Si le tableau du Couronnement ne fut même pas commencé, les tapissiers durent copier, et ils s'acquittèrent de cette tâche avec une conscience remarquable, le *Bonaparte traversant les Alpes*, de David, la *Mort de Desaix*, de Regnault, la *Peste de Jaffa*, d'après Gros, le *Général Bonaparte distribuant des sabres d'honneur à ses grenadiers*, du même artiste. Entreprises dès 1809, ces tentures furent menées à bonne fin; il n'en fut pas de même d'une série de scènes militaires mises sur métier en 1809, 1810 et 1811. Ainsi restèrent inachevées les treize pièces représentant l'*Empereur passant en revue les députés de l'ar-*

mée, d'après Serangeli; le *Matin d'Austerlitz*, de Carle Vernet; l'*Empereur dans son cabinet*, de Garnier; les *Soldats du 76e régiment retrouvant leur drapeau dans l'arsenal d'Inspruck*, d'après Meynier; l'*Empereur recevant les clefs de Vienne*, d'après Girodet; les *Préliminaires de la paix de Léoben*, de Lethière; l'*Empereur pardonnant aux révoltés du Caire*, de Guérin; l'*Empereur donnant la croix d'honneur à un soldat de la garde russe*, de Debret;

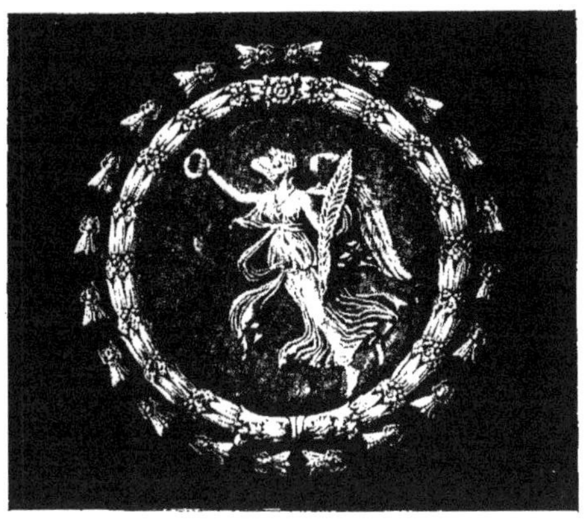

Dossier du trône de Napoléon Ier.
D'après Louis David.

la *Clémence de l'Empereur envers la princesse de Hatzfeld*, d'après de Boisfremont; la *Réception de Myrza, député du Sophi de Perse*, de Mulard; la *Réception de la Reine de Prusse à Tilsitt*, d'après Berthon; de Serangeli, les *Adieux de Napoléon et d'Alexandre à Tilsitt*; enfin de Gros, la *Prise de Madrid*. Le tissage de ces tapisseries fut suspendu à l'avènement de Louis XVIII. La manufacture possède encore les fragments de deux ou trois de ces pièces : d'autres ont été attribués à la bibliothèque des avocats de Paris.

Siège du trône impérial.

L'Empereur faisait souvent interrompre les ouvrages commencés pour pousser plus activement un travail dont il exigeait le prompt achèvement. C'est ainsi que le meuble de la Salle du Trône occupa pendant un certain temps les tapissiers. Un premier projet, peint par Saint-Ange, se trouvait en cours d'exécution, quand l'Empereur, ne le trouvant pas assez riche, le fit interrompre et demanda un nouveau dessin à David. Celui-ci se mit aussitôt à l'œuvre. Les Gobelins ont conservé la plupart des modèles exécutés sous la direction du premier peintre avec la collaboration de Percier. Le meuble complet se composait d'un fauteuil pour l'Empereur, avec une figure de la Victoire, dessinée par David pour le dossier, un fauteuil pour l'Impératrice, six fauteuils pour les princes, six chaises pour les princesses, vingt-quatre pliants, deux tabourets de pied pour l'Empereur et l'Impératrice, deux écrans, dont l'un était orné d'un Génie du dessin de David, enfin un paravent de six feuilles. Sur un fond rouge cramoisi des ornements, couronnes, branches de chêne et de laurier, abeilles, rosaces, se détachent en or. Par ordre de l'Empereur, tous les autres travaux furent suspendus, et le meuble officiel put être rapidement achevé. D'ailleurs, une partie des sièges du premier Empire trouva son emploi sous la Restauration grâce à la substitution des emblèmes monarchiques aux abeilles et aux aigles.

Aussitôt après son avènement, Louis XVIII commanda un *portrait de Louis XVI*, d'après Callet, puis une *Marie-Antoinette avec ses enfants*, d'après Mme Vigée Le Brun. On exécute plusieurs effigies du Roi, d'après Gérard et Robert Lefèvre. La copie des tableaux est poursuivie sans interruption et sans remords; de 1814 date un *Pierre Ier sur le lac de Ladoga*, d'après Steuben, un *Chelonis et Cléombrotte*, d'après Lemonnier. Une *Offrande à Esculape*, de Guérin, est commencée en 1815; du même, *Phèdre et Hippolyte*, entrepris en 1818, concurremment avec la *Bataille de Toloza*, d'Horace Vernet. Le Sueur fournit aux tapissiers, en 1820, sept modèles tirés de la *Vie de saint Bruno*. Des *scènes de la vie de saint Louis* et de *François Ier* sont peintes par Rouget pour les Gobelins. L'école de David règne toujours sans partage. Des tableaux de Guérin, *Pyrrhus et Andromaque*, de Gros, *Visite de Charles-Quint et de François Ier à l'abbaye de Saint-Denis*, de Boullongne, de Raphaël, sont mis sur le métier. Encore et toujours des portraits : la duchesse de Berry et ses enfants, d'après Gérard ; Charles X répété deux fois; deux portraits du duc de Bordeaux. Un nouveau débouché est offert aux ouvrages de la manufacture. Feuchères et Le Bas fournissent des modèles d'ornements sacerdotaux. On exécute plusieurs bannières représentant sainte Geneviève et saint Germain d'après Guérin et Gros; on copie même un tapis de prière oriental. Un écran représentant l'*Amour* allumant son flambeau, d'après Laurent, existe encore dans les collections de la manufacture, avec une *sainte Clotilde* de Blondel.

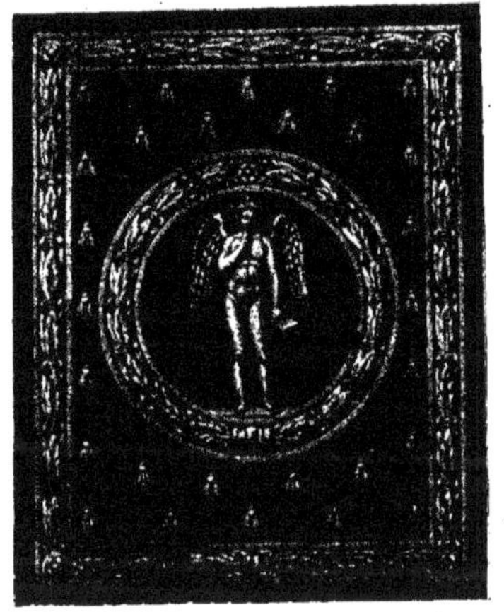

Écran du meuble impérial.
D'après Louis David.

Cependant, la manufacture est toujours à la veille de voir ses travaux suspendus par pénurie de modèles ; pour faire face à ce danger, on se décide, en 1828, à entreprendre la reproduction des tableaux de la galerie de Médicis, et les originaux de Rubens partent pour les Gobelins. Le travail des ateliers se trouve ainsi assuré pendant un certain nombre d'années. La tenture de Rubens occupera les tapissiers jusqu'au milieu du règne de Louis-Philippe. Elle décore aujourd'hui les salons du petit Luxembourg et ceux du ministère des affaires étrangères. L'exécution de cette suite ne laisse rien à désirer comme imitation fidèle de la peinture; mais les anciens tapissiers n'auraient-il pas tiré un autre parti de cette magnifique décoration ? Elle encourt de plus un grave reproche; on ne savait pas alors qu'une bordure est un accompagnement indispensable d'une tapisserie. Aussi, les reproductions des toiles de Rubens ressemblent-elles à des tableaux sans cadres.

Les ateliers eurent pour chefs, de 1800 à la fin du règne de Louis-Philippe, des hommes fort habiles dont le nom mérite un souvenir. C'est d'abord le vieux Cozette, mort en 1801; il travaillait aux Gobelins depuis soixante ans; puis, son fils Michel-Henri Cozette (1801-1817), remplacé par F. Claude qui a pour successeur, en 1823, Laforest père. Charles Duruy devient chef d'atelier en 1823 et exerce ses fonctions concurremment avec Laforest fils qui ne meurt qu'en 1861. Duruy appartenait à une vieille dynastie de tapissiers flamands que la tradition fait venir des Flandres dès les premières années du XVIIIe siècle. Il est le père de Victor Duruy, le ministre de l'Instruction publique du second Empire qui naquit et fut élevé dans la manufacture. Charles Duruy mourut en 1850. Lors de la Révolution de février 1848, des économies s'imposaient et le traitement de notre chef d'atelier fut réduit de 2 400 à 2 200 francs. Les tapissiers ont toujours figuré parmi les plus mal rétribués des employés de l'État.

Le règne de Louis-Philippe continue les errements de la période précédente. La fabrication des portraits continue ; c'est le Roi, c'est la reine Amélie, le duc et la duchesse d'Orléans. Ces effigies princières partent pour l'étranger comme présents diplomatiques. Le palais du Bardo, aux environs de Tunis, possède un portrait en pied où le Roi Louis-Philippe est représenté en costume militaire avec un pantalon blanc immaculé.

En même temps que les ateliers continuent la reproduction de la galerie de Médicis, ils copient la *Conjuration des Strelitz* de Steuben, le *Massacre des Mameluks*, d'Horace Vernet, un *Martyre de saint Etienne*, répété trois fois et dont un exemplaire se voit dans l'église de Saint-Médard. Divers sujets de la Farnésine sont mis sur le métier vers 1848, en même temps que les figures de saints et de saintes dessinées par Ingres pour la chapelle de Dreux.

L'œuvre la plus considérable du règne de Louis-Philippe fut certainement la tenture dite le grand décor, commandée pour le salon Louis XIV des Tuileries. Alaux et Couder, chargés d'exécuter les modèles, avaient représenté en neuf tableaux une *Allégorie à la fondation du château de Versailles*, les châteaux de *Saint-Cloud*, de *Pau*, de *Fontainebleau*, le *Palais Royal*, l'*Enlèvement d'Orythie par Borée*, le *Plan du Louvre et des Tuileries*, la *Beauté emportée par le Temps*, le *Château du Louvre et des Tuileries*. L'incendie de 1871 a détruit toute cette collection ; mais les modèles existent au musée de Versailles. La série des résidences royales de Louis XIV nous console

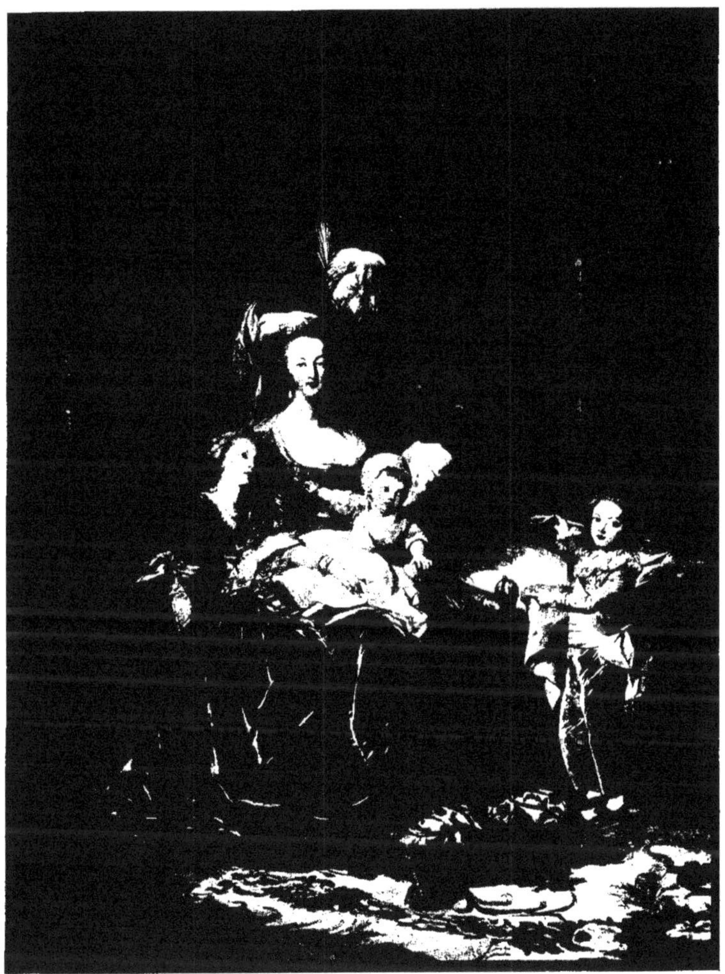

Marie-Antoinette et ses enfants, d'après Mme Vigée Le Brun.

aisément de la perte de ces tapisseries; elles devaient être singulièrement froides si on en juge par les peintures.

En 1848, la condition de la manufacture change pour quelques années. Son budget va se confondre avec celui de l'État. A partir de 1852, elle fait retour à la liste civile impériale, puis rentre en 1870 dans les attributions du ministère de l'Instruction publique et des Beaux-Arts. Après la mort de Laforest fils, les chefs d'atelier se succèdent dans l'ordre suivant : Gilbert (1862-1871), Munier père (1871-1875), Collin (1875-1889), François Munier, encore en fonctions.

A des Rotours, mort en 1833, avaient succédé à la tête de la manufacture M. Ladvocat, remplacé, en 1848, par M. P.-P.-A. Badin. Ce dernier cède la place, en 1850, à M. Lacordaire, frère de l'illustre Dominicain, et reprend ses fonctions en 1860 jusqu'en 1871. M. Chevreul fait un intérim de quelques mois pendant la Commune; puis viennent MM. Alfred Darcel (1871-1885) et Gerspach (1885-1893). L'inspection des travaux des tapissiers fut successivement confiée à Belle (1806-1816), à Cassas (1816-1827), à Mulard (1821-1848), à Cornu (1850-1851), à Charles-Louis Muller (1851-1872), à Maillart (1873-1877). P.-V. Galland, nommé directeur des travaux d'art en 1877, n'a pas été remplacé après sa mort survenue en 1892.

L'amateur qui voudrait dresser le bilan des travaux de notre manufacture pendant la durée du second Empire devra d'abord énumérer les inévitables portraits des souverains, en pied ou en buste, d'après Winterhalter ou autres peintres officiels, à trois, quatre ou cinq exemplaires; puis, il dressera la liste de ces vingt-neuf portraits d'artistes de la galerie d'Apollon, si froids, si tristes, si ternes à côté de ces colorations vibrantes du plafond d'Eugène Delacroix. On rencontre ensuite la copie d'un certain nombre de peintures célèbres, un peu choisies au hasard, sans plan bien arrêté; c'est la *Transfiguration*, de Raphaël, le *Christ au tombeau*, de Philippe de Champagne, dont un exemplaire est conservé aux Gobelins, la *Vierge au poisson*, de Raphaël, la *Déposition de Croix*, du Caravage, *Louis XIV*, en pied, d'après Rigaud, l'*Amour sacré et l'Amour profane* du Titien, l'*Assomption*, du même maître, brûlée en 1871, l'*Aurore*, du Guide, la *Charité*, d'André del Sarte, les *Muses*, de Lesueur. On se demande vraiment à quel principe, à quelle règle ont obéi ceux qui ont proposé ces modèles aux tapissiers.

Certains autres choix s'expliqueraient mieux; ainsi, on a reproduit plusieurs fois *Aminte et Silvie* et les *Confidences*, de Boucher, dont les Gobelins ont gardé les modèles et aussi le *But*, du même artiste.

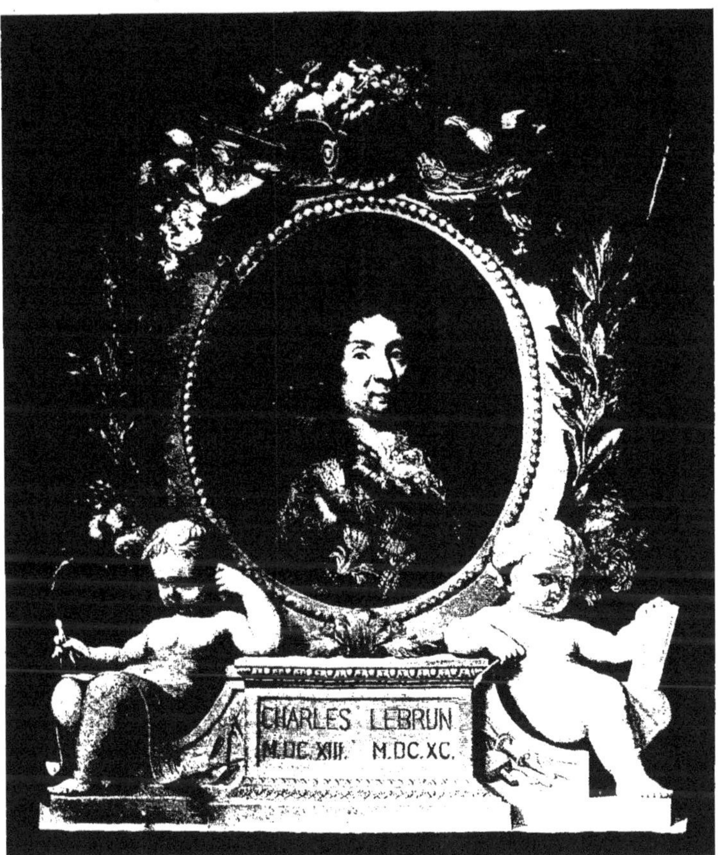

Portrait de Le Brun, d'après Largillière. Entourage de Galland.

Cependant, il semble que les vrais principes pénétraient peu à peu dans le monde de l'art, car voici qu'en 1864 un ensemble décoratif est demandé à un artiste, jeune encore, que la nature de son talent désignait plus que tout autre à un pareil choix. Paul Baudry doit peindre pour le palais de l'Elysée une suite de compositions figurant en cinq panneaux étroits et allongés les *Cinq Sens* avec quatre dessus de porte.

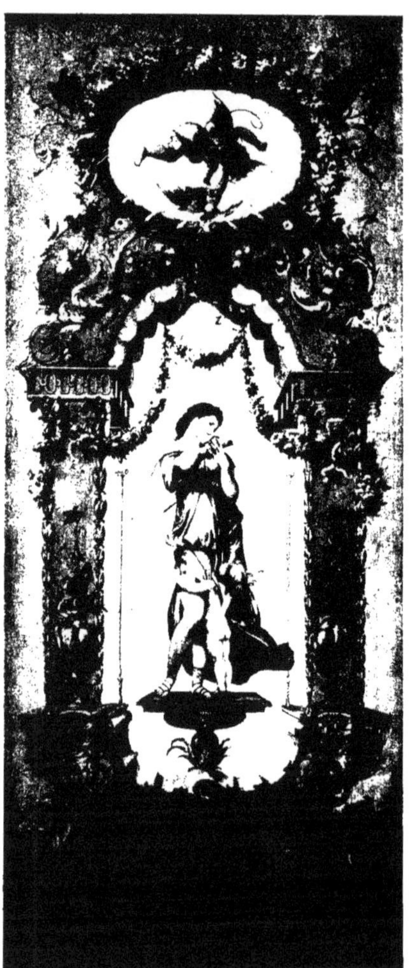

Le Toucher, d'après Paul Baudry.

Commencée en 1864, la tenture est terminée quand le néfaste incendie de 1871 anéantit, avec toutes les tapisseries, la plus grande partie des modèles. La manufacture n'a conservé que le panneau du *Toucher* et deux dessus de porte des *Saisons*. Les uns et les autres ont été retissé à diverses reprises depuis la catastrophe : on les recopiera sans doute encore, car Baudry a donné là une note claire, gaie, harmonieuse, vraiment décorative. S'inspirant de l'exemple de Le Brun, il s'était associé pour les accessoires des collaborateurs de choix, Diéterle, Eugène Lambert, Chabal-Dussurgey.

Une liste des travaux terminés depuis 1871 serait encore longue. On n'y rencontrerait plus, et pour cause, d'effigies princières; mais on y constaterait encore la présence d'un trop grand nombre de tableaux nullement conçus pour la reproduction en tapisserie, comme le *Saint Jérôme*, du Corrège, la *Visitation*, de Ghirlan-

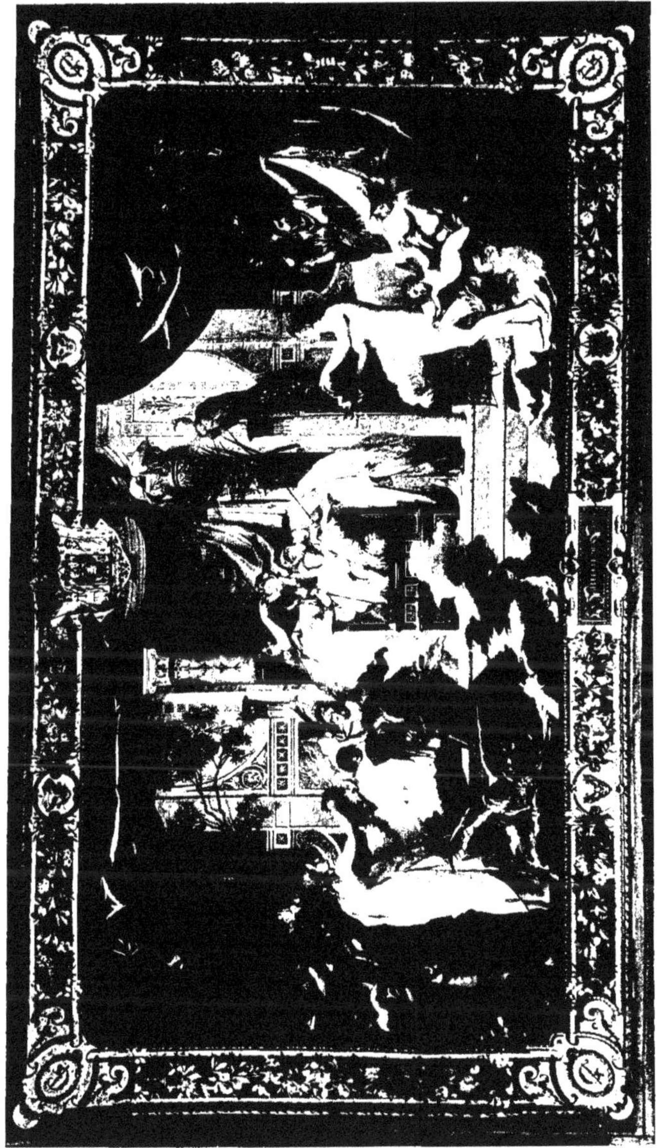

La filleule des fées, d'après Mazerolle. Tapisserie aux armes de S. M. l'Empereur de Russie.

dajo, l'*Apothéose d'Homère*, de Ingres, la *Vierge et l'enfant*, de Sassoferrato, la *Mélancolie*, de Cigoli. Cependant, on commence à comprendre que l'art de la tapisserie exige des modèles appropriés à ses procédés et à son but. On se préoccupe davantage de commander les cartons pour une destination fixée à l'avance. Dès 1872, Mazerolle reçoit la commande de huit panneaux pour le buffet du théâtre de l'Opéra. L'ensemble figurait à l'Exposition universelle de 1878.

Le salon des Cinq Sens du palais de l'Elysée devient le salon des Muses quand Galland, chargé de remplacer les modèles détruits de Paul Baudry, se proposa de donner la place prépondérante à la décoration. Les Muses n'y sont représentées que par des médaillons en camaïeu. La volonté de choisir parmi les œuvres modernes des œuvres vraiment décoratives devient alors de plus en plus marquée. En 1874, c'est la *Séléné* de M. Machart et le *Vainqueur*, de M. Ehrmann qu'on entreprend ; en 1875, un *Saint Michel*, de M. Merson et quatre panneaux décoratifs de M. Le Chevallier Chevignard pour la manufacture de Sèvres. Puis, M. Mazerolle peint pour les Gobelins la *Filleule des fées*, aujourd'hui en Russie. Huit paysages sont commandés, en 1877, pour la décoration du grand escalier du palais du Luxembourg; mais n'a-t-on pas commis une faute en répartissant le travail entre huit peintres différents? A la suite d'un concours ouvert en 1880, M. Ehrmann est chargé de composer trois grands panneaux et deux entre-fenêtres pour la salle du Parnasse à la Bibliothèque Nationale. Cette décoration vient d'être terminée ; il y a longtemps qu'un artiste avait rencontré l'occasion de produire un ensemble de cette importance et s'en était aussi bien acquitté. Signalons rapidement la *Céramique* et la *Tapisserie*, deux cartons de M. Merson, *Nymphe et Bacchus*, d'après M. Jules Lefebvre, le *Couronnement de Molière*, de M. Joseph Blanc, la *République française*, du même, le *Roman au XVIIIe siècle*, de M. Maurice Leloir, l'*Audience du cardinal Chigi*, répétition de la pièce de l'*Histoire du Roi*. On tend de plus en plus à chercher des inspirations et des modèles chez les maîtres du temps passé. Boucher reparaît sur les métiers.

Il est assez embarrassant pour nous, on en comprend la raison, de parler des travaux récents de la manufacture et des œuvres en cours d'exécution. Nous nous contenterons de dire quelques mots

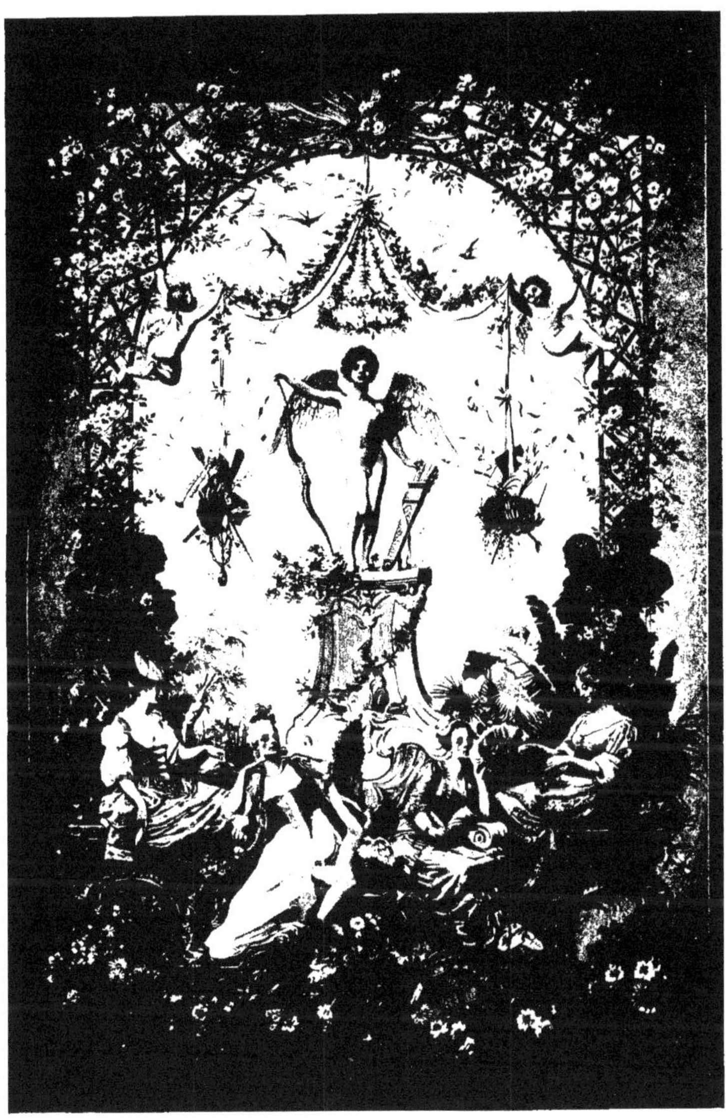

Le roman au XVIIIe siècle, d'après M. Maurice Leloir.

des tentures un peu importantes, terminées ou commencées depuis une quinzaine d'années.

Constatons d'abord que les règles considérées de tout temps comme les lois primordiales de l'art décoratif commencent à être observées. Et d'abord, les modèles sont commandés spécialement en vue de la reproduction sur le métier. On s'adresse à cet effet aux artistes réputés pour les plus capables de donner des résultats satisfaisants.

En second lieu, la plupart des tapisseries récemment exécutées ont une destination précise. L'artiste connaît le milieu où elles seront placées ; c'est à lui de se préoccuper de leur entourage, de calculer l'effet qu'elles produiront. Dans ce cas se trouvent les modèles de M. Ehrmann pour la salle du Parnasse de la Bibliothèque Nationale, ceux de M. Galland pour la Comédie Française, les compositions de M. Jean-Paul Laurens pour les Archives Nationales et la grande salle des fêtes de la Mairie du XIIIe arrondissement, les peintures de MM. Joseph Blanc et Édouard Toudouze pour la première chambre et la grand'chambre de la Cour d'appel au Palais de Justice de Rennes, enfin de M. Georges Claude pour la salle des mariages de l'hôtel de ville de Bordeaux. Se voit-on dans la nécessité, pour assurer le travail des ateliers, de chercher un modèle parmi les tableaux anciens ou modernes, on choisit de préférence ceux qui se recommandent par leur caractère pittoresque. C'est ainsi qu'ont été remises sur le métier les compositions de Boucher, *Aminte et Sylvie*, *Vertumne et Pomone*, l'*Aurore et Céphale*, *Neptune et Amimone*. Les Portières des dieux et les *Mois grotesques* d'Audran sont recopiés à diverses reprises. Ces travaux ne sauraient qu'exercer une heureuse influence sur le goût des tapissiers.

Voici pour le choix des modèles. Quant à l'exécution, deux principes fondamentaux ont été adoptés par les artistes de la manufacture : réduction sensible du nombre des tons employés ; puis, substitution d'une interprétation raisonnée du modèle à une copie servile et trop minutieuse. Quelques explications ne seront pas superflues. Naguère, le nombre presque illimité des nuances d'une gamme permettait de pousser jusqu'à ses dernières limites l'imitation du modelé de la peinture. On en arrivait à trouver que la tapisserie la plus parfaite était celle qui donnait le mieux l'illusion du

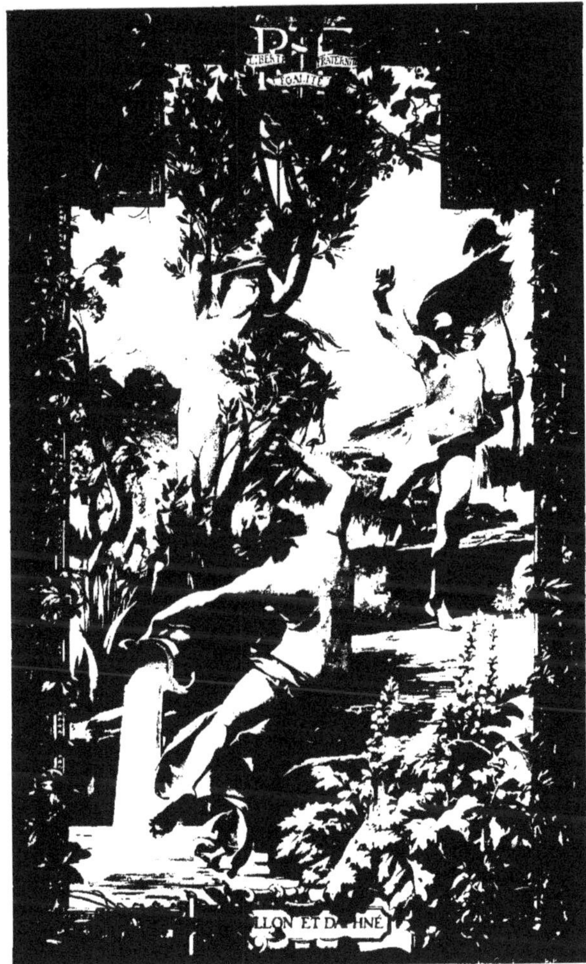

Apollon et Daphné, d'après M. Albert Maignan.

travail du pinceau. Une réaction a fait justice de cette erreur et un examen approfondi des plus belles tentures de la grande époque de l'art, c'est-à-dire de la première moitié du XVIe siècle, a démontré que les chefs-d'œuvre les plus admirés ne comportaient qu'un nombre assez restreint de tons. La plupart des admirables tapisseries de la collection d'Espagne sont exécutées avec vingt ou vingt-cinq nuances. Trois couleurs suffisent pour le modelé d'une draperie, grâce à un système de hachures qui ménage la transition entre les ombres les plus foncées et la pleine lumière. C'est le principe fondamental auquel il faut revenir si on veut sortir la tapisserie de la voie funeste où elle est engagée depuis plus d'un siècle. Il y a longtemps déjà que cette nécessité de recourir aux anciens procédés a été proclamée; mais pour arriver à cette réforme essentielle, il fallait modifier complètement l'éducation des travailleurs. Heureusement, quelques-uns des plus habiles artistes de l'atelier ont senti l'intérêt de ce retour aux traditions d'autrefois et on peut constater que le mode de travail et d'exécution a été complètement changé depuis une vingtaine d'années. Enfin, aux colorations timides, fausses, indécises, en honneur pendant trop longtemps, l'application du système des hachures franches a permis de substituer des tons plus montés, plus soutenus et qui résisteront mieux à la double influence de la lumière et de l'air.

Pour terminer, nous nous contenterons de donner une brève énumération des tentures récemment achevées, et des tapisseries encore sur le métier, mais exposées à quitter l'atelier d'un jour à l'autre.

La tenture destinée à la Comédie Française devait représenter, en dix médaillons commandés à dix peintres différents, les chefs-d'œuvre des maîtres de la scène française. Mais le Théâtre Français n'offrait aucun emplacement convenable pour recevoir ces panneaux. Deux seulement ont été achevés : *Iphigénie*, d'après M. Doucet, *Zaïre*, d'après M. G. Claude. Les sujets tirés des *Jeux de l'amour et du hasard*, d'après M. Clairin, et de *Hernani*, d'après M. F. Humbert, n'ont pas reçu d'encadrement.

En 1895, M. Joseph Blanc fut chargé de composer huit allégories pour la première chambre de la Cour d'appel du palais de justice de Rennes. M. Laloy, architecte du palais, a pris une part des plus actives à la préparation de ce travail, aujourd'hui complètement terminé.

M. Jean-Paul Laurens s'occupe depuis une dizaine d'années d'une histoire de la Vie de Jeanne d'Arc. Sur trois pièces en cours d'exé-

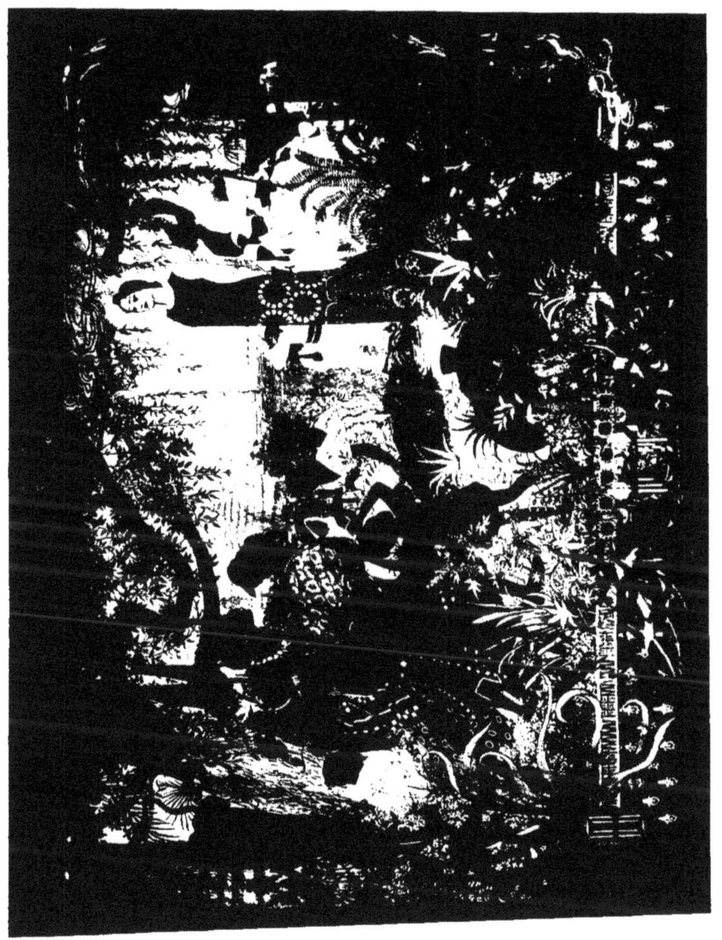

La France colonisatrice, d'après M. Rochegrosse.

cution, deux sont destinées à remplacer des sujets semblables envoyés à Rome à l'occasion du Jubilé du pape Léon XIII.

La grande galerie du palais du Luxembourg contient huit panneaux vides qui attendaient depuis longtemps une décoration. Des tapisseries convenaient à merveille à cet emplacement. M. Challemel-Lacour, alors président du Sénat, arrêta son choix sur des épisodes tirés des Métamorphoses d'Ovide. M. Albert Maignan est chargé de peindre les modèles. Deux tapisseries sont en place : *Apollon et Daphné, Vénus et Adonis.* On travaille à deux autres pièces : *Jupiter et Sémélé, Minerve et Arachné.*

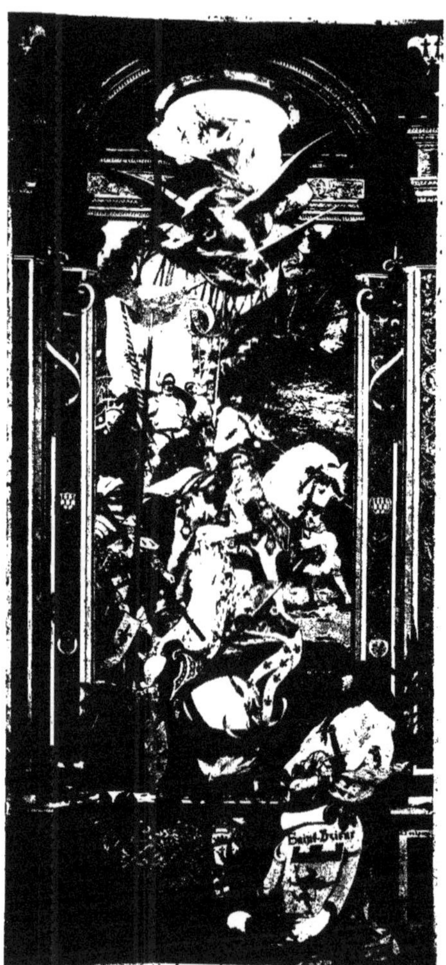

Jeanne d'Arc et le connétable de Richemont, d'après M. Edouard Toudouze.

M. Laurens a donné aux tapissiers le modèle du *Tournoi* déposé aux Archives Nationales et celui de la *Glorification de Colbert*, destinée à la salle des fêtes de la mairie des Gobelins. Cette tapisserie ne mesure pas moins de soixante-quinze mètres carrés. Aucune époque n'a tissé une pièce d'aussi vastes proportions. Elle vient d'être terminée en trois ans et demi.

La grande chambre du palais de justice de Rennes présente des trumeaux vides d'une assez vaste étendue. La salle est ornée de plafonds peints à la fin du XVIIe siècle. Il fut décidé que les murs seraient garnis de panneaux en tapisserie rappelant les grands souvenirs de l'histoire de Bretagne, et on fit appel au talent éprouvé de

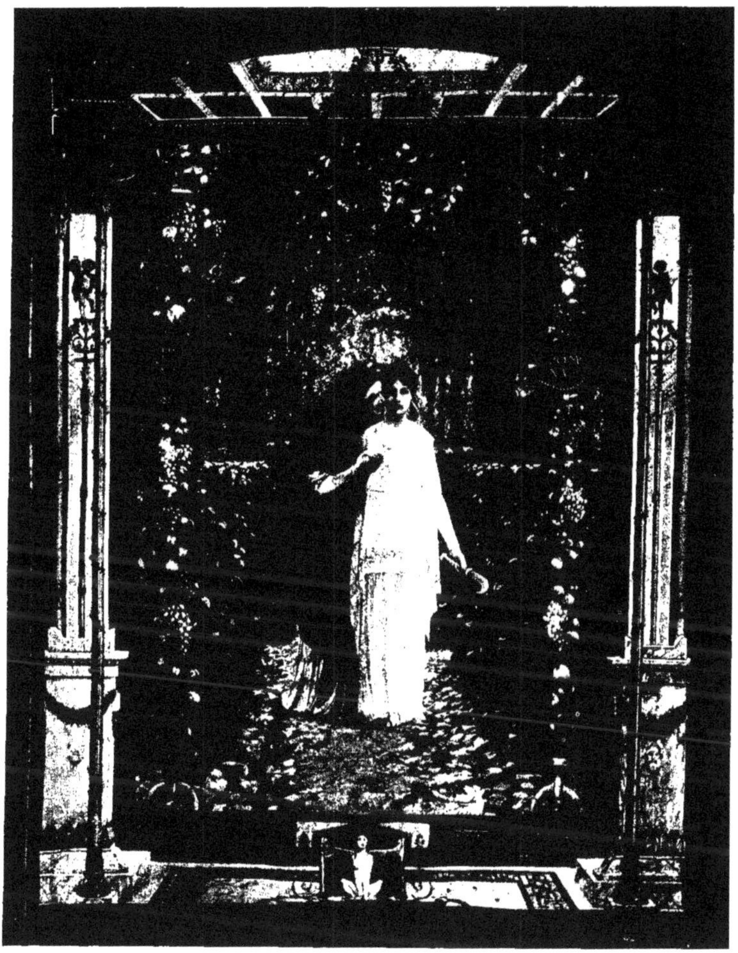

Vertumne et Pomone, d'après M. Gorguet.

M. Edouard Toudouze. On termine le *Mariage d'Anne de Bretagne* et la *Rencontre de Jeanne d'Arc et du Connétable de Richemont*. *Les funérailles de Duguesclin* sont en cours d'exécution; on vient de commencer le *Couronnement de Nominoé*, premier roi des Bretons. Le *Combat des Trente* figurait au Salon de 1906.

Signalons enfin la curieuse tentative de M. Rochegrosse pour traduire un sujet d'actualité : *La Colonisation de l'Afrique par la France* et la composition de M. Gorguet, *Vertumne et Pomone*, qui nous ramène aux sujets antiques.

Nous ne pousserons pas plus loin cette nomenclature quelque peu aride ; mais, parmi les œuvres récentes, il en est deux qu'il convient de signaler à part, je veux parler de *La Sirène et le poète*, d'après M. Gustave Moreau, et du *Printemps* de Botticelli. L'œuvre de Gustave Moreau, commandée et peinte spécialement pour les Gobelins, ne répond peut-être pas tout à fait aux principes que nous considérons comme fondamentaux ; nous l'accordons volontiers. En s'adressant à cet artiste, on lui demandait surtout de procurer à nos tapissiers une occasion de déployer toutes les richesses de la gamme des laines. L'attente n'a pas été trompée. On peut juger du résultat obtenu au musée du Luxembourg, où le modèle et la tapisserie sont exposés l'un à côté de l'autre. Cette œuvre a démontré la virtuosité des tapissiers des Gobelins ; leur habileté se joue de toutes les difficultés ; elle n'est inférieure à aucune tâche. C'est ce que vient de prouver encore la traduction en tapisserie du *Printemps* de Botticelli, d'après l'excellente copie peinte à Florence par M. Lavalley. On peut tenter de pareilles expériences une fois par hasard, pour montrer la maîtrise de nos artistes ; il serait imprudent toutefois, nous en convenons, d'orienter la fabrication dans cette direction et de donner trop souvent à nos tapissiers des modèles de cette nature. La fin du XVe et le commencement du XVIe siècle nous ont laissé d'incomparables chefs-d'œuvre. C'est de ces exemples qu'il faut chercher à s'inspirer, c'est d'eux qu'on doit se rapprocher à tout prix.

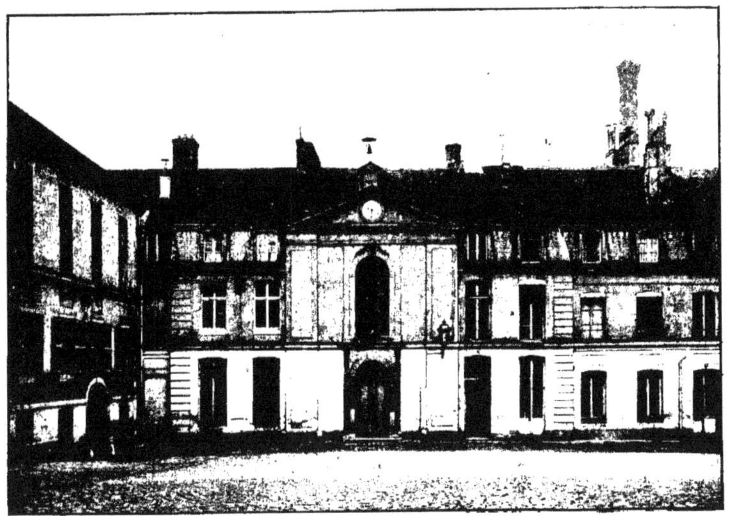

Grande cour de la Manufacture, dite cour Colbert.

VII

La Manufacture des Gobelins en 1906. — Les Bâtiments. — Le Musée. — Les Ateliers de haute lisse et de Savonnerie. — Les Modèles.

L'entrée de la manufacture date de la fin du second Empire. Le percement de l'avenue des Gobelins fit disparaître, en 1867, une partie des bâtiments de Louis XIV avec la porte qui s'ouvrait jadis sur la rue Mouffetard, au fond d'une demi-lune, en face de la chapelle. La vignette placée par M. Lacordaire en tête de sa Notice historique de 1853 donne une idée assez précise de cette ancienne disposition. La grille actuelle, en alignement sur l'avenue, se trouve située plus bas que l'ancienne porte. Elle accède à une cour supérieure, dénommée cour d'Antin, entourée de bâtiments ; à droite, de nouvelles constructions renferment la loge du concierge, le poste de police, les écoles de dessin, un grand atelier de peinture ; à gauche, les derniers bâtiments du temps de Louis XIV servent de logements aux tapissiers ; au fond, une grande salle a reçu le magasin des tapisseries. A l'extérieur de ce bâtiment se voit le dernier vestige de décoration remontant à l'époque de Le Brun.

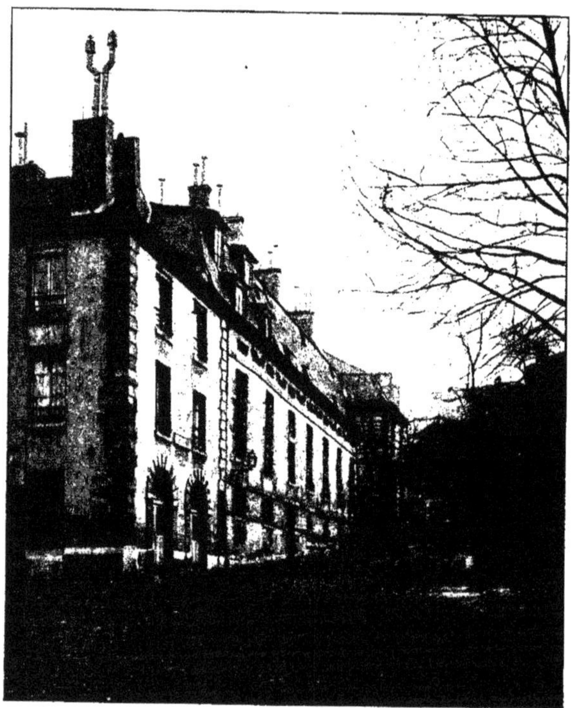

Le bâtiment Louis XIV.

La façade de la construction du XVIIe siècle sur la cour Colbert est décorée de curieux motifs de sculpture consistant en trophées intercalés entre des guirlandes de fleurs et de fruits, le tout en plâtre. La conservation de ces bas-reliefs est parfaite ; nous en avons parlé plus haut. Ces décorations extérieures signalent encore au visiteur la partie de la manufacture autrefois occupée par le premier peintre du Roi.

Au fond de la cour d'Antin s'ouvre une seconde cour, la cour Marigny, dans laquelle un bâtiment isolé, dit pavillon Mulard, du nom de l'artiste qui l'habitait au début du XIXe siècle, contenait jadis un atelier de fonderie. Ce pavillon, dont l'escalier a conservé une rampe à balustres de bois, fut autrefois l'atelier du sculpteur-fondeur Jean-Baptiste Tuby, parent de Charles Le Brun. Il est porté sur le

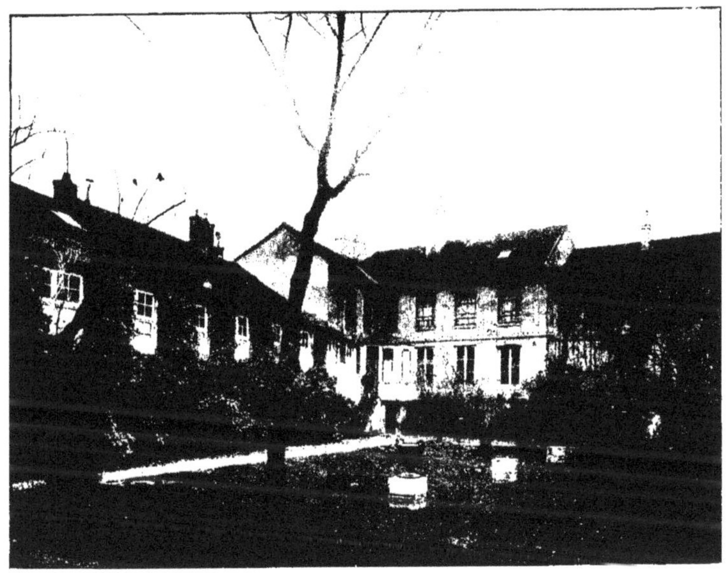

Le grand atelier du Nord et l'ancienne habitation de Jans.

plan de la fin du XVIIe siècle, conservé au Cabinet des Estampes dans les papiers de Robert de Cotte. Sur une copie existant à la manufacture on peut constater que les principales constructions de l'établissement n'ont guère changé depuis deux siècles et demi. Le périmètre du terrain présente les mêmes contours qu'au dix-septième siècle. L'atelier de haute lisse de Jans longe la rue Croulebarbe comme autrefois; l'installation du teinturier Josse vanden Kerchove, le contemporain de Louis XIV, a été remplacé par l'atelier de teinture actuel; enfin les bâtiments situés à droite de la grande cour d'honneur, à la suite du bâtiment occupé par Le Brun, bâtiments qui contenaient jadis les ateliers des orfèvres, des ciseleurs, des mosaïstes, ont conservé certains détails très visibles encore, faisant remonter leur construction au règne de Louis XIII. Ces souvenirs de l'histoire des Gobelins ont leur éloquence, et les personnes qui ont le culte et le respect du passé comprendront qu'il vaut mieux les entretenir que d'élever à la place des ateliers insignifiants n'offrant peut-être même pas l'avantage de la commodité. Avant 1870, en face de l'aile édifiée sous Louis XIV, s'élevait une construction parallèle, formant une sorte de perspective au fond de laquelle apparaissait la chapelle. Ce bâtiment contenait divers services, un atelier de haute lisse, des salles d'école. En 1871, comme il paraissait à l'abri des obus prussiens, on y entassa plusieurs centaines de tapisseries déposées ou appartenant à la manufacture. La plupart ont péri par le feu à la fin du mois de mai ; mais toutes n'ont pas été détruites par l'incendie.

Tout contre la grille d'entré, s'ouvre la porte du Musée. Construite précipitamment, à la veille de l'Exposition universelle de 1878, pour faire disparaître les vestiges de la Commune, cette galerie devait subsister quelques années à peine. Comme toujours, le provisoire a duré plus longtemps qu'on l'avait prévu, et voici trente ans que des objets d'art d'une valeur inestimable sont entassés dans une sorte de grange obscure, humide, exposée à toutes sortes de dangers. Quand on pourrait élever une galerie de plus de quatre-vingts mètres de long, allant de la maison portant le numéro 40 sur l'avenue des Gobelins à la rue Croulebarbe, capable de recevoir une centaine de spécimens des chefs-d'œuvre de la tapisserie depuis ses origines jusqu'à nos jours, n'est-il pas déplorable que les Gobelins n'aient jamais eu leur part de ces libéralités si largement distribuées depuis trente années à la manufacture de Sèvres, à la Sorbonne, aux écoles de Droit, de Médecine et des Beaux-Arts, à quantité d'établissements publics.

Et cependant, il y aurait là une œuvre magnifique à réaliser, de nature à séduire l'imagination d'un ministre artiste, comme il s'en rencontre parfois. Avec une dépense relativement minime, les Gobelins deviendraient un musée d'art décoratif sans rival, un centre

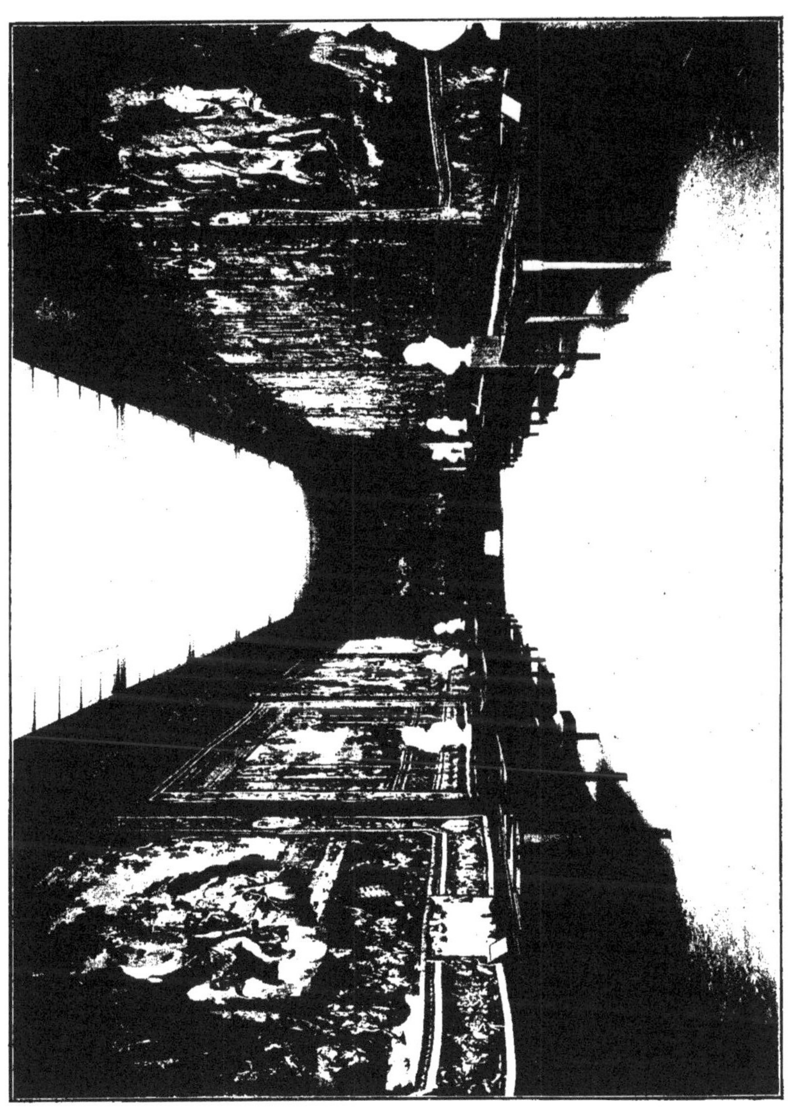

La grande galerie du musée.

artistique capable d'exercer la plus heureuse influence sur la direction et le développement du goût public, comme à l'époque de Louis XIV et de ses successeurs.

La galerie principale actuelle mesure environ 30 mètres de long, sur 6 de large et autant de hauteur, proportions tout à fait insuffisantes pour les tapisseries. Trois pièces peu spacieuses viennent à la suite de la galerie. Les murs des ateliers qui ont aussi reçu des tapisseries et des modèles continuent cette exposition rétrospective.

On a cherché à présenter, par le choix des pièces exposées, un échantillon de la fabrication de la tapisserie à toutes les époques, et surtout au XVIIe et au XVIIIe siècles. La galerie principale est réservée aux tentures les plus célèbres de Le Brun, l'*Automne*, le *Mariage d'Alexandre et de Roxane*, la *Danse des Nymphes*, le *Triomphe de Minerve*. Deux pièces de l'Histoire du Roi, la *Visite de Louis XIV aux Gobelins* et l'*Audience du Cardinal Chigi* y représentent, avec une tapisserie des *Résidences royales*, les suites les plus célèbres de l'époque. A l'entrée, le *Sacrifice d'Abraham* et le *Ravissement d'Elisée*, rappellent la manufacture de Louis XIII, l'atelier des Comans et des de la Planche. Avec une la galerie prolongée tout le long de l'avenue, au lieu de douze ou quinze pièces, on pourrait en montrer quarante et les remplacer de temps en temps par d'autres sujets de façon à étaler successivement toutes nos richesses sous les yeux du public.

Une seconde salle assez obscure, servant de passage, contient un panneau des *Chasses de Louis XV*, d'après Oudry, le *Limier*, et deux sujets de la *Tenture des Indes*, de Desportes, d'une bonne exécution, mais entourés de pauvres bordures. Sur la gauche, s'ouvre une pièce, dite salon carré, où sont groupés quelques-uns des plus beaux échantillons du Musée. Tout ce qui se trouve ici, le détail à son prix, est la propriété de la manufacture et provient d'acquisitions, de dons ou de legs.

Le salon carré contient trois tapis persans du XVIe siècle, d'une réelle beauté et d'une valeur énorme ; l'un d'eux est entièrement tissé de soie. Deux de ces tapis furent légués au Musée par Albert Goupil, le troisième par Elie Delaunay, le peintre distingué, de son vivant membre de la commission des Gobelins. D'Albert Goupil viennent aussi ces deux précieuses tapisseries du début du XVIe siècle, l'*Annonciation* et l'*Adoration des Mages*, seuls spécimens que le Musée possède de l'art flamand parvenu à son apogée. M. Spitzer a donné la grande scène de la levée du siège de Dôle, exécutée dans un atelier de Bruges, vers 1480. Cette belle page représente très honorablement l'art de la fin du moyen âge. Elle porte une inscription qui

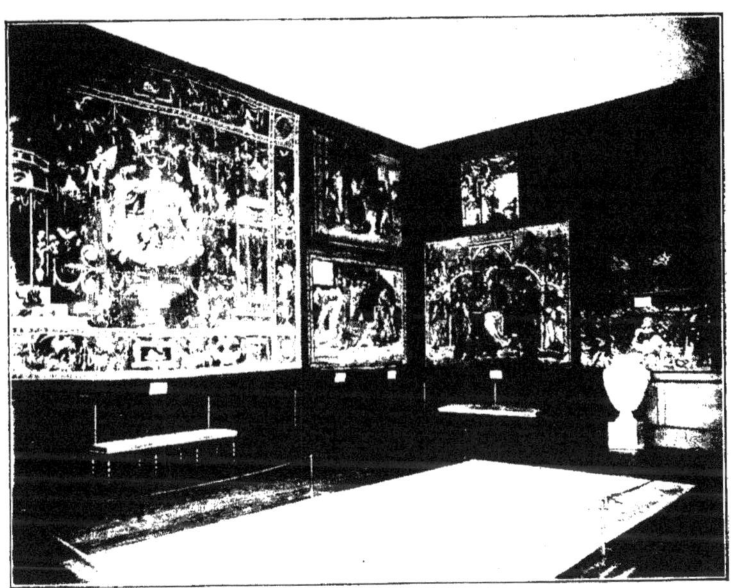

Le salon carré du musée.

a plus d'une fois fourni à nos dessinateurs de précieux modèles de caractères gothiques. Nous arrivons à la Renaissance avec la tapisserie décorée d'arabesques faisant face au siège de Dôle. Celle-ci a été acquise par la manufacture. La *Pietà*, placée sous le tapis de prière en soie, provient d'un legs de M. Davillier, l'amateur bien connu. Le *Sanglier de Calydon*, avec ses tons violents, son dessin un peu lourd et sa marque, composée de deux C enlacés, nous reporte au premier atelier des Gobelins et à la direction de Charles de Comans. Enfin, les quatre copies réduites des *Actes des Apôtres*, de

Raphaël, sortiraient de l'atelier fondé à Maincy par le surintendant Fouquet, où Charles Le Brun fit ses débuts. Ce salon offre ainsi comme un résumé sommaire de l'histoire de la tapisserie avant Louis XIV.

Dans la salle précédant immédiatement l'entrée des ateliers, le hasard a réuni quatre pièces, fort intéressantes toutes quatre, mais d'époque et d'inspiration bien différentes : d'abord, cette scène musicale du début du XVIe seiècle, acquise il n'y a pas bien longtemps, véritable type d'exécution libre et savante ; puis, un panneau attribué à l'atelier de Fontainebleau, rappelant les grotesques et les rinceaux de Ducerceau. La verdure à grands feuillages découpés tendue à contre-jour, représente ici toute une famille de panneaux très décoratifs dont l'origine n'a pas été bien fixée jusqu'ici. Enfin, la grande composition de Parrocel, pièce unique dans son genre, l'*Arrivée de l'ambassade turque dans le jardin des Tuileries*, démontre qu'un artiste même secondaire, pour peu qu'il possède le sens de la décoration, sait fournir aux tapissiers les éléments d'un chef-d'œuvre. C'est ici l'occasion de le faire remarquer : une tapisserie exécutée par d'habiles artisans est souvent très supérieure au modèle qu'elle reproduit. Cette constatation, nous l'avons faite bien souvent ; elle s'applique à l'admirable pièce de *Vénus aux forges de Vulcain*, exposée un peu plus loin dans les ateliers. Cozette qui a signé cette tapisserie en 1771 a ajouté à l'œuvre de Boucher exposée au Louvre un charme que le tableau ne possède pas au même degré.

Pénétrons maintenant dans les ateliers de haute lisse. Le premier, dit atelier de Berry, ne contient que trois métiers ; celui qui vient à la suite, au bas de quelques marches, aujourd'hui appelé atelier du Nord, fut jadis occupé par Jean Jans, le plus fameux des tapissiers de Louis XIV. Dans cet atelier, le plus grand de la manufacture, sont réunis huit métiers de différentes tailles. Nous rencontrerons encore trois autres métiers de vastes dimensions et un plus petit dans les salles prenant jour sur la ruelle des Gobelins ; soit, en tout, quinze métiers de haute lisse. Plusieurs ont servi jadis à la fabrication des tapis. Le travail du tapis ou de la Savonnerie occupe encore quatre métiers. Le nombre des tapissiers de haute lisse est actuellement de quarante-neuf; les travailleurs employés à la fabrication du tapis sont réduits à douze.

Dès l'entrée de l'atelier, plusieurs particularités causent un vif étonnement au visiteur. Le tapissier, assis derrière son ouvrage, ne voit pas le travail en cours d'exécution ; il peut seulement le suivre au moyen d'une glace installée devant la chaîne sur une tige qui

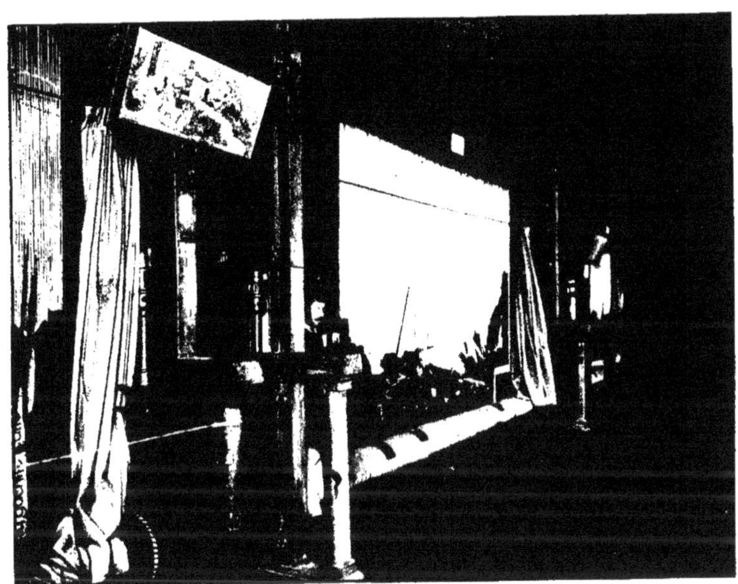

Le métier de haute lisse. Atelier de Berry.

s'allonge à volonté. La position du travailleur est imposée par la nécessité d'avoir sous la main les broches chargées des laines de différentes nuances, à l'aide desquelles est reproduit le modèle. La peinture servant de modèle est suspendue au mur du fond, et le travailleur doit se retourner pour la consulter. Il n'y aurait pas d'autre place possible pour ce carton ; mais le contour a été calqué sur l'original et reporté sur les fils de la chaîne au moyen d'un trait noir indiquant la silhouette des figures et des accessoires. Enfin, les personnages et les détails de la composition sont tissés, non dans leur sens ordinaire, mais en travers. Cette position ajoute encore à la difficulté du travail : elle est imposée par des nécessitées techniques. Le sens des hachures n'est pas indifférent. Dans toutes les tapisseries anciennes la hachure qui produit le modelé dans la tapisserie se présente verticalement, jamais horizontalement. Des traits horizontaux troubleraient le dessin : aussi, l'emploi des hachures verticales a-t-il été de pratique constante dans les ateliers de tapisseries à toutes les époques. Cette obligation de dessiner et de modeler une tête penchée de côté cause souvent des erreurs qui ne se remarquent que lorsque la figure reprend sa position normale.

Les Gobelins ne travaillent qu'en haute lisse. En 1827, quand l'atelier de la Savonnerie, autrefois à Chaillot, fut réuni à celui de la Bièvre, nos derniers métiers de basse lisse furent transportés à Beauvais où ce procédé est aujourd'hui seul en usage. Ajoutons que la haute lisse n'est plus guère pratiquée qu'aux Gobelins.

Nous croyons inutile de donner une description du métier de tapisserie et d'insister sur la signification des termes jumelles, ensouples, verdillons, bâton de croisure, etc. Il suffira d'indiquer sommairement la disposition des fils sur lesquels s'opère le travail. La tapisserie est une véritable étoffe, et, de même que toute autre étoffe, elle est formée de l'entre-croisement de fils de chaîne et de fils de trame. Pour la chaîne on emploie exclusivement la laine. Beauvais fait usage de chaîne de coton. Notre manufacture a constaté que le coton présentait des graves inconvénients et y a renoncé.

La laine employée pour la trame est un peu plus grosse aux Gobelins qu'à Beauvais. Elle se compose de la torsion de trois brins de laine ; celle de Beauvais n'en compte que deux. Dans certains ouvrages de dimension exceptionnelle, comme la *Glorification de Colbert*, d'après M. Jean-Paul Laurens, la laine a été doublée, ce qui abrège la durée de l'exécution et permet de réunir sur la même broche deux tons différents pour rompre la monotonie des grandes surfaces. La matière propre à la tapisserie est par excellence la laine ; la soie n'y trouve qu'un emploi plus restreint. On a tissé des pièces entières en soie, ce qui ne donnait qu'un médiocre résultat, tandis que beaucoup de tapisseries tout en laine, sans aucune addition de soie, présentent un excellent aspect. Le fil d'or, ou plutôt d'argent doré, a servi à donner plus de richesse aux tentures du moyen âge, du XVIe et même du XVIIe siècle. Son emploi a été presque complètement abandonné depuis le règne de Louis XV. Le prix élevé de cette matière y a fait renoncer.

La chaîne formée de la torsion de trois brins de laine est tendue sur deux rouleaux, et divisée en deux nappes distinctes qu'on pour-

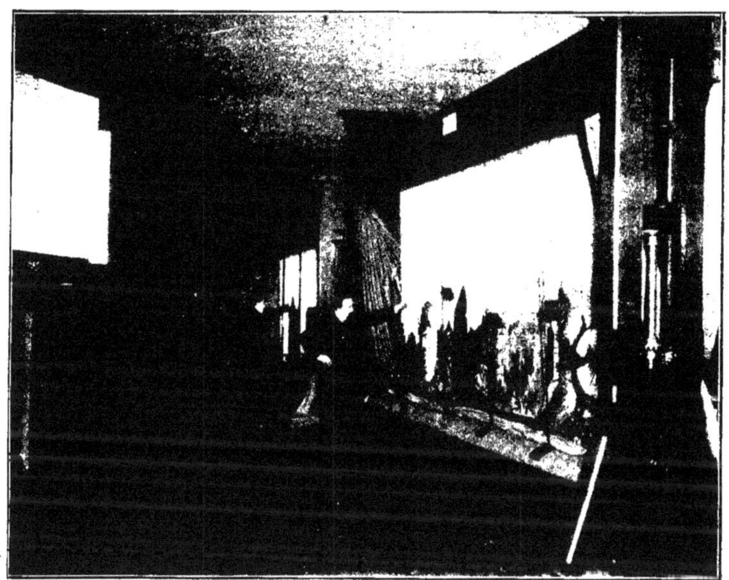

L'atelier du Nord. Vue intérieure.

rait désigner par les numéros pairs et impairs : 1, 3, 5, 7, etc. ; 2, 4, 6, 8. A chacun des fils de l'une de ces deux nappes est attachée une cordelette appelée lisse, qui sert à manœuvrer la moitié des fils de chaîne. Au reste, toutes les explications ne sauraient remplacer la vue du métier et de sa disposition.

Le tapissier se sert d'un petit nombre d'outils très simples, qui n'ont guère varié depuis des siècles. Le principal est la broche sur laquelle s'enroule la laine qui va se transformer en dessins variés. La broche, arrondie d'un côté pour traverser aisément les interstices des fils, se termine à l'autre extrémité par une pointe servant à régulariser le tissu.

Chaque travailleur a sous la main un peigne en ivoire pour tasser la trame, une paire de ciseaux et une petite boîte à compartiments et à tiroirs, contenant son assortiment de laines.

Tel est à peu près l'outillage complet du tapissier des Gobelins. Seulement, tel modèle n'exige qu'un très petit nombre de couleurs et par conséquent de broches, tandis que tel autre multiplie à l'infini les tons. Empressons-nous d'ajouter que les tapissiers d'aujourd'hui comprennent la nécessité de réduire le plus possible le nombre des nuances. Un progrès très marqué a été réalisé dans ce sens; au lieu d'employer une dégradation insensible de huit à dix tons pour le modelé d'une draperie par exemple, nos jeunes artistes arrivent, comme les artisans de la bonne époque, comme les auteurs des admirables tentures de la Couronne d'Espagne, à se servir de trois couleurs seulement : un clair, une demi-teinte et un ton foncé. Habilement employé, le procédé des hachures ménage les transitions et produit sans dureté le passage de la lumière à l'ombre. Le principal secret du métier de tapissier consiste dans l'emploi judicieux de la hachure. Est-il besoin d'ajouter que pour avoir droit au titre d'artiste, tout tapissier doit savoir le dessin et posséder un œil exercé à l'harmonie des colorations?

Il semble inutile de passer en revue les diverses tapisseries actuellement en cours d'exécution; plusieurs touchent à leur achèvement et quitteront sous peu l'atelier; on ne saurait indiquer à l'avance les modèles destinés à les remplacer. Cependant, s'il est possible de prévoir le départ imminent de la grande tapisserie de M. Laurens sur Colbert, dont nous avons indiqué plus haut les dimensions exceptionnelles et l'exécution rapide, si la copie du *Printemps* de Botticelli touche à sa fin, les scènes de la *Vie de Jeanne d'Arc*, d'après M. Laurens occuperont encore nos tapissiers pendant plusieurs années, la *Bataille de Fontenoy*, d'après une toile peinte du XVIIIe siècle restera encore sur le chantier un an environ; enfin, les compositions de M. Edouard Toudouze pour la grande chambre du palais de justice de Rennes ne seront pas achevées avant un temps assez long, tout comme les sujets des Métamorphoses d'Ovide interprétés par M. Albert Maignan pour la grande galerie du palais du Luxembourg.

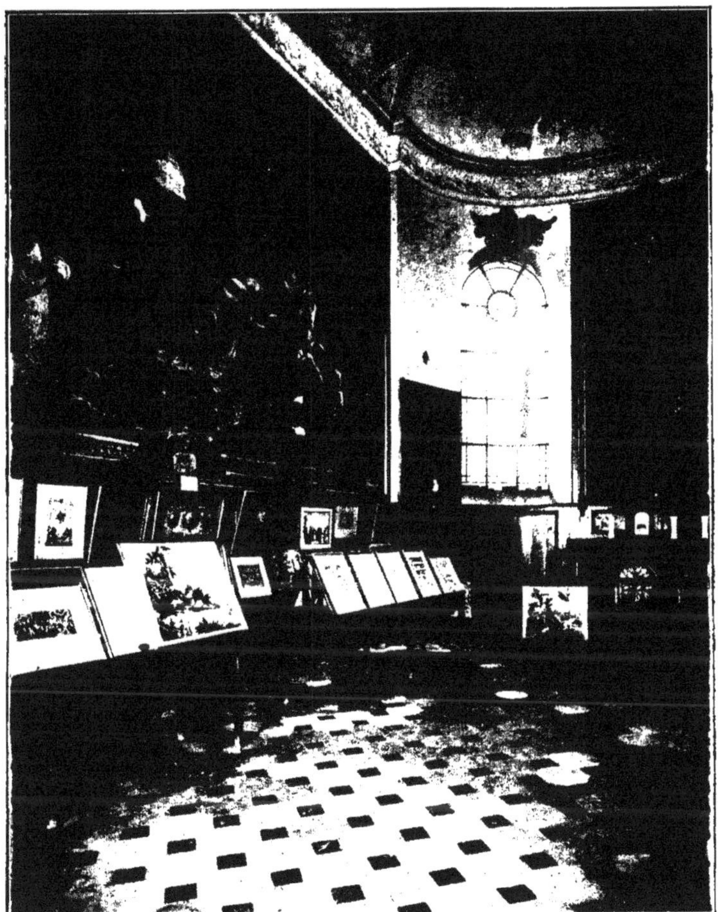

La chapelle des Gobelins transformée en musée.

Les visiteurs ne manqueront pas, en traversant les ateliers, de jeter un coup d'œil sur les modèles pendus aux murs. La plupart datent du XVIIIe siècle ; ils représentent presque exclusivement des fleurs. Ces bouquets et ces guirlandes montrent une précision de dessin, une science de composition et d'arrangement dont peu d'artistes modernes possèdent le secret. On leur reprochera peut-être des silhouettes dures, découpées; c'est précisément une excellente condition pour un modèle de tapisserie. Un dessin incertain, peu précis, cause un grand embarras au tapissier, tandis que ces formes nettes, arrêtées, des fleurs de Tessier et de Jacques

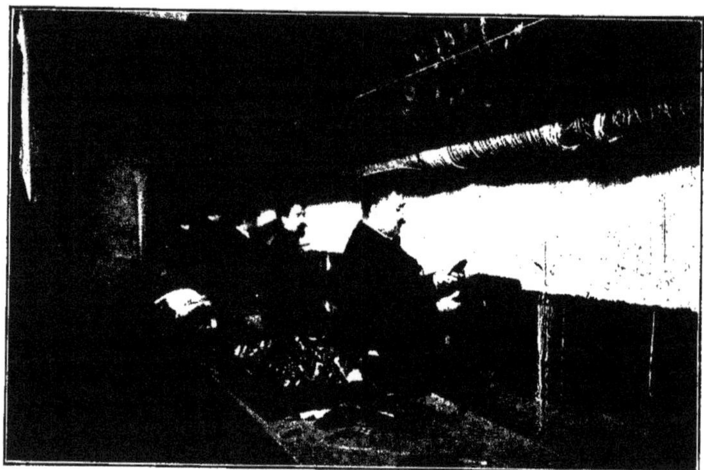

Le métier du tapis ou de Savonnerie.

s'assouplissent tout naturellement dans l'exécution. La laine leur prête un fondu, une mollesse dont les modèles ne donnent pas l'idée.

Toutes ces peintures, comme les dessins de Van der Meulen exposés un peu partout dans les ateliers, les bureaux, les escaliers, la chapelle, étaient entassés naguère dans des magasins obscurs et humides. Ils sont aujourd'hui préservés de la destruction; mais que de services ils rendraient aux industriels, aux fabricants de tapisseries ou d'étoffes, s'ils étaient réunis dans des salles biens éclairées, à la disposition de ceux qui viennent les consulter! Tout est à créer aux Gobelins pour faciliter l'emploi de véritables trésors amassés par plusieurs générations d'artistes supérieurs.

L'atelier de la Savonnerie ou du tapis a produit dans le passé des œuvres magnifiques. La suite des quatre-vingt-dix tapis exécutés sous Louis XIV pour la galerie d'Apollon est un monument d'art unique en son genre; mais, aujourd'hui, tout manque pour assurer l'existence de cette belle industrie. Elle n'a plus d'emploi depuis la suppression de la monarchie, et elle n'a pas trouvé son

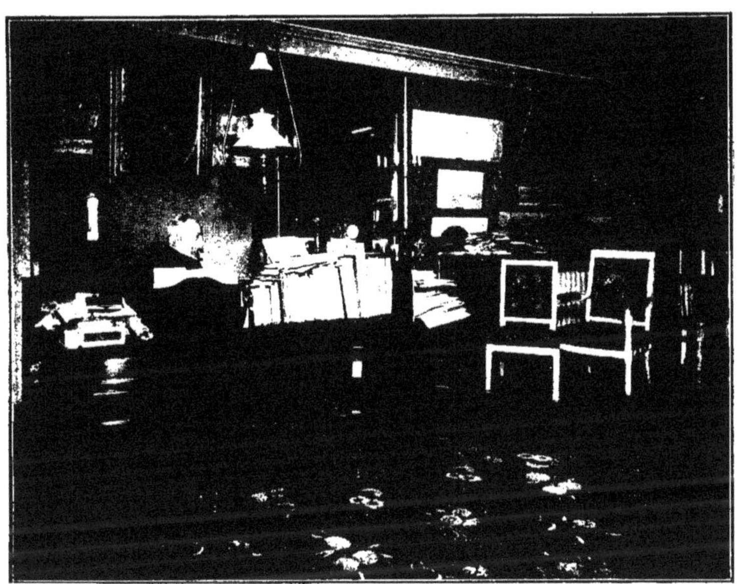

Le cabinet de l'administrateur et le bureau de Le Brun.

mode d'expression dans la tentative de rénovation appelée style moderne. Un vaste tapis pour la grande chambre de la Cour de cassation, d'après le modèle de M. Hannotin, constitue l'œuvre la plus importante entreprise depuis des années. Sur un métier inoccupé on voit exposé, dans l'atelier, un tapis à fleurs et à rinceaux dont le dessin a été fourni par M. Libert. Ce sont là d'honorables tentatives. Mais elles ne sauraient suffire à vivifier une fabrication désormais sans application pratique et sans emploi. Il est à craindre que l'atelier de la Savonnerie, malgré tous les efforts tentés en ces dernières années pour le défendre, périsse bientôt d'anémie.

Au surplus, l'invasion du tapis d'Asie Mineure ou de Perse fait, depuis un demi-siècle, une terrible concurrence au tapis français. Il faut le reconnaître, ces admirables mosaïques de tons colorés, si brillants, si chauds, si harmonieux en même temps, qui gardent comme un reflet du soleil d'Orient, font bien pâlir les fleurs et les rinceaux atones de nos décorateurs.

VIII

La Teinture. — Le Cercle Chromatique de Chevreul. — Les Magasins des Laines et des Soies. — La Rentraiture. — Les Magasins des Tapisseries et des Modèles. — Les Écoles des Gobelins. — Les Jardins et la Bièvre.

Nous venons de passer en revue les parties de la manufacture ouvertes aux visiteurs; nous allons nous occuper maintenant de certains services non accessibles au public. En première ligne se place l'atelier de teinture et le laboratoire de recherches illustré par le nom de Chevreul. C'est ici que le grand savant a poursuivi ses observations sur les couleurs pendant sa longue carrière. C'est ici qu'il a établi les principes fondamentaux du cercle chromatique. Il convient de nous arrêter à cette question ; elle est d'une importance capitale non seulement pour la tapisserie, mais aussi pour la décoration des tissus de toute nature.

Avant l'arrivée de Chevreul, le classement des tons et des gammes n'avait d'autre principe et d'autre but que par la commodité des recherches. Certaines couleurs portaient cette vague désignation : chairs d'hommes, chairs de femmes, chairs d'enfants. Cette méthode n'offrait rien de scientifique, quelque commode qu'elle semblât aux travailleurs. La savant entreprit de remédier à cet état de choses, de remplacer l'empirisme par la science. Partant des trois couleurs simples : rouge, jaune, bleu, entre lesquelles viennent s'intercaler les couleurs secondaires : orangé, vert, violet, Chevreul compliqua ce point de départ du cercle de six autres couleurs combinées avec les premières : rouge orangé, orangé jaune, jaune vert, vert bleu, bleu violet, violet rouge. Cette division se complique de nouveaux mélanges intermédiaires et fournit ainsi 72 couleurs formant chacune une gamme de 20 tons. Cela établi, chaque ton est rabattu par un dixième, deux dixièmes et jusqu'à neuf dixièmes de noir. On arrive ainsi à 14400 tons différents, complétés par 20 tons gris, dits normaux ; des différences presque insensibles séparent deux tons voisins de la même gamme et les tons au même niveau de deux

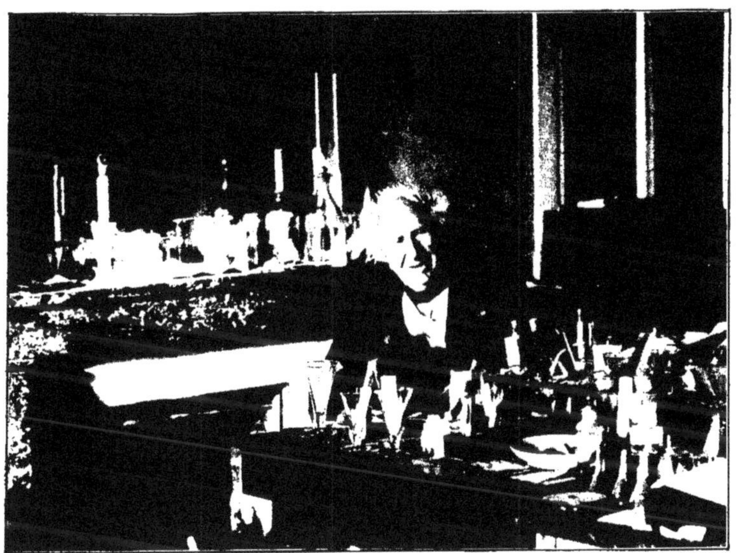

Cliché de M. David.

Chevreul dans son laboratoire.

gammes parallèles. Cette chance de confusion va augmenter considérablement avec le mélange de noir formant les tons rabattus : les espaces entre les colorations successives de la même gamme et deux gammes contiguës ne reposant sur aucune base scientifique. L'œil du teinturier seul apprécie la précision des nuances. Quel instrument imparfait pour une telle tâche ! Il s'ensuit que cette célèbre classification est fondée sur l'empirisme, le tâtonnement et une aptitude visuelle différente à chaque individu. Toutefois, si elle n'a pas donné tous les résultats attendus, cette classification de Chevreul reste commode pour la manufacture. Il est douteux qu'elle soit jamais adoptée par l'industrie; elle paraîtra toujours trop compliquée et un peu obscure.

Les Gobelins ont conservé les procédés de teinture d'autrefois. Les matières colorantes sont celles qui étaient employées par le teinturier de Louis XIV. La cochenille et la garance fournissent seules le rouge; la couleur jaune se tire exclusivement de la gaude et l'indigo

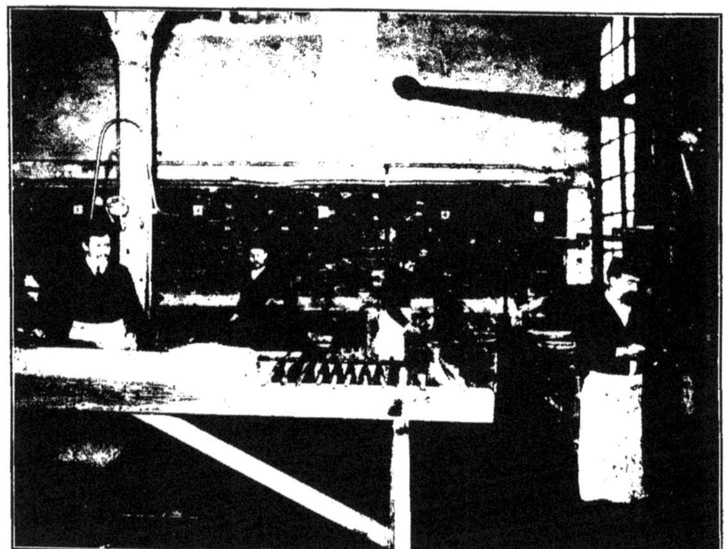

L'atelier de teinture.

n'a pas encore trouvé de remplaçant pour donner un bleu résistant. Cependant, on se sert aussi de prussiate ou bleu de Prusse pour les bleus tirant sur le vert. Notre teinturerie travaille pour Beauvais en même temps que pour les Gobelins; elle livre en moyenne de 250 à 300 kilogrammes de laine ou de soie teinte chaque année. Certainement, la quantité de matière première passant par l'atelier de teinture paraîtra peu considérable pour le nombre d'ouvriers qu'il occupe; mais, si on songe à la subdivision presque infinie des gammes, si on remarque que ces trois cents kilogrammes représentent quinze ou dix-huit cents tons différents, on reconnaîtra que les trois teinturiers de la manufacture ont encore fort à faire.

Jusqu'ici, les Gobelins ont résisté à l'emploi des couleurs d'aniline et des autres dérivés de la houille, non par hostilité systématique, mais parce que les expériences tentées dans le laboratoire n'ont produit que des résultats peu concluants ou défavorables.

Les laines et les soies se conservent dans deux magasins; l'un

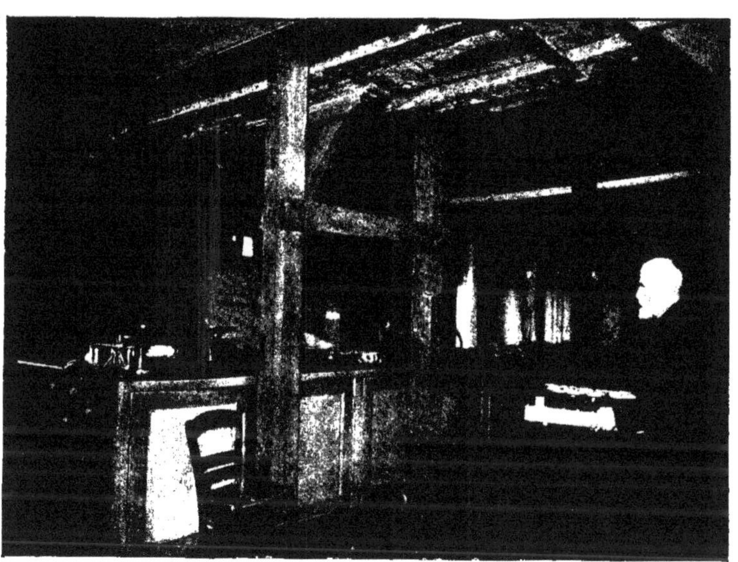

Le magasin des laines et des soies.

contient les laines destinées au tapis; l'autre les laines et les soies de la tapisserie. Le cercle chromatique de Chevreul a présidé au classement des magasins, et les tapissiers familiarisés avec ces notations savent exactement ce que signifient les termes : 1er rouge à 2, ou 2e vert bleu à zéro. La conservation d'une assez grande quantité de laine exige des soins spéciaux; tout d'abord, il faut les tenir à l'abri de l'air et de la lumière. Les matières insecticides ne donnent pas toujours le résultat espéré ; la naphtaline, longtemps recommandée, ne protège pas efficacement des insectes. On emploie aux Gobelins l'essence de serpolet et le camphre, ou plutôt la camphrosine en poudre, plus commode à étendre sur les tapisseries en magasin.

Depuis un certain nombre d'années, notre manufacture trouve difficilement dans le commerce les laines dont elle fait usage. L'intro-

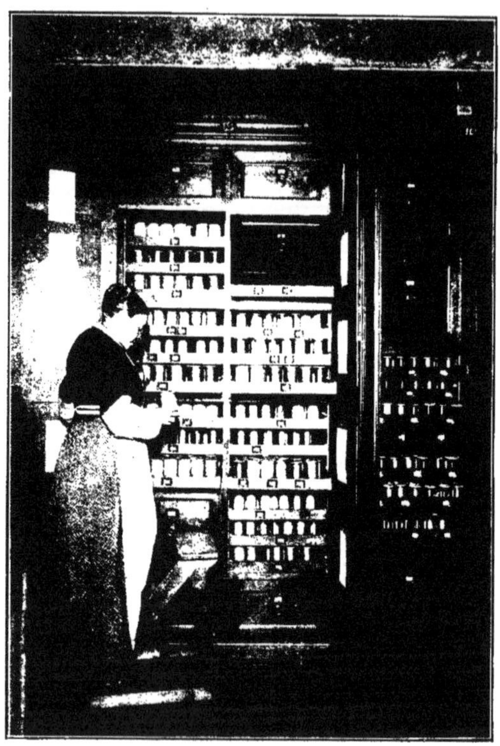

Les armoires des laines.

duction de toisons exotiques, importées d'Australie ou de l'Amérique du Sud, a compliqué singulièrement la question de la teinture. Jadis, les laines indigènes, provenant surtout de la Champagne, bien homogènes, prenaient facilement une teinte unie ; elles conservaient de plus, en sortant de la cuve, un aspect brillant et soyeux. On a beaucoup de peine aujourd'hui à éviter les inégalités de ton, les jaspures causées par le mélange de laines de diverses provenances.

Un atelier de couture et de rentraiture a toujours existé aux Gobelins. Il était indispensable pour coudre les relais des tapisseries quand elles quittent le métier et pour procéder aux réparations sommaires. Depuis quelques années, le Parlement a voté un crédit spécial pour la réparation des tentures appartenant à l'État ; ce subside

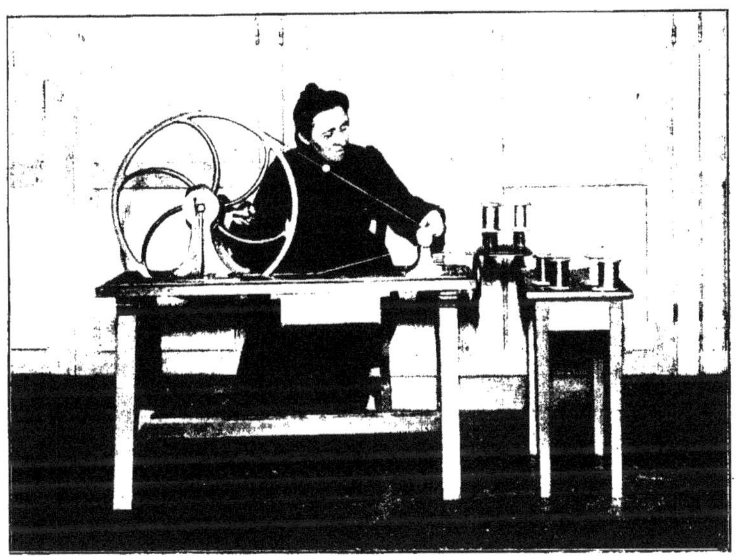

Rouet servant à dévider les écheveaux.

a permis de développer considérablement l'atelier de réparation ou de rentraiture. Il compte aujourd'hui une quarantaine d'ouvrières. S'agit-il de boucher un trou, de reconstituer un morceau manquant, il faut d'abord assujettir de nouveaux fils de chaîne sur le tissu encore solide, puis, sur ces fils, imiter le travail de la haute lisse à l'aide de l'aiguille. Des ouvrières habiles parviennent à refaire des morceaux entiers sans que rien trahisse la réparation ; mais il arrive à la longue que ces parties nouvelles pâlissent sensiblement et ne sont plus en harmonie avec l'ancien tissu. Aussi, doit-on réparer le moins possible les vieilles tapisseries, et se borner à consolider le tissu affaibli par l'usure en appliquant à l'envers une toile pour le raffermir et empêcher l'aggravation du mal. Quand les réparations sont exécutées consciencieusement, le prix du travail atteint des proportions énormes et dépasse toujours les prévisions. C'est ainsi que certaines pièces de la tenture des Indes, confiées aux Gobelins par le

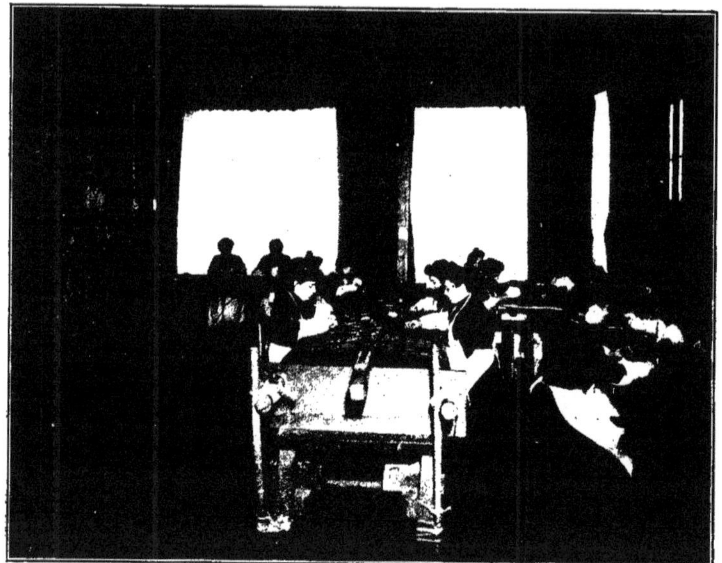

L'atelier de réparation.

gouvernement de l'île de Malte, sont restées deux ou trois ans entre les mains des ouvrières.

En ces derniers temps, l'atelier des Gobelins a été appelé à nettoyer et à remettre en état plusieurs tentures de l'ambassade d'Angleterre, un ensemble de tapisseries décorant la sous-préfecture de Pontoise et quelques pièces du musée de Laval. La commission des monuments historiques l'a aussi chargé de réparer certaines séries célèbres appartenant à des édifices religieux de province, telles que l'*Histoire de saint Rémy*, de l'église Saint-Remi de Reims, un *Bal de sauvages* conservé à Notre-Dame de Nantilly près Saumur, enfin les tapisseries de la Chaise-Dieu.

L'atelier de l'État ne travaille pas pour les particuliers.

Le magasin des tapisseries occupe la dernière pièce ayant conservé quelque vestige de la décoration de l'appartement de Le Brun : elle vient d'être remise en état. On y a installé des consoles en fer

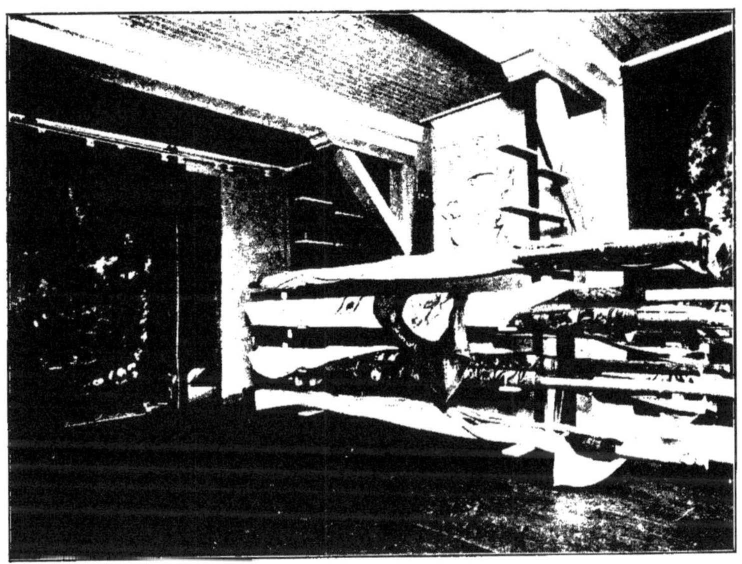

Le magasin des tapisseries, ancienne pièce de l'appartement de Le Brun.

portant les tapisseries enroulées sur des rouleaux de bois, suivant le conseil donné jadis par le peintre Oudry à un roi de Suède et dont on reparlera plus loin. Rien n'est plus funeste pour les tapisseries que de les plier, surtout quand on les entasse les unes sur les autres. Les plis usent et coupent peu à peu le tissu et c'est toujours là que se produisent les plus graves accidents. Le magasin des Gobelins contient les tapisseries appartenant à la manufacture, et aussi certaines pièces mises chez elle en dépôt et que l'insuffisance du musée ne permet pas d'exposer. Il a là une masse de tentures très suffisante pour garnir une vaste galerie, si jamais la reconstruction des salles d'exposition était décidée. C'est dans ce magasin des tapisseries que se voit encore un charmant bas-relief allégorique, dernier débris de la décoration de l'appartement de Le Brun.

M. Darcel, quand il était administrateur des Gobelins, avait rédigé,

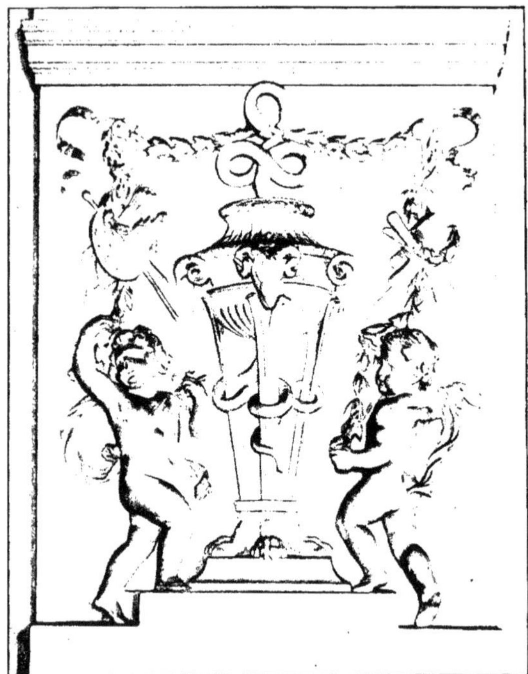

Bas-relief du magasin des tapisseries.

pour l'Inventaire des Richesses d'art de la France, un catalogue descriptif de la collection des tapisseries conservées à la manufacture, presque toutes acquises sous son administration. Comme nos richesses se sont peu augmentées depuis cette époque, ce catalogue se trouve encore à peu près au courant.

Dans la même publication a paru la description de tous les dessins de Van der Meulen, conservés par les Gobelins depuis le XVIIe siècle.

La plupart de ces vues de villes, soigneusement encadrées, sont exposées dans la chapelle, les bureaux, les escaliers; le public les voit ainsi sans dérangement pour les employés. La même préoccupation de mettre à la portée des visiteurs tous les souvenirs de l'ancien temps offrant quelque intérêt a fait répartir entre les divers ateliers nos beaux modèles du XVIIIe siècle, autrefois entassés dans un magasin obscur et humide. Si plusieurs de ces modèles ont souffert

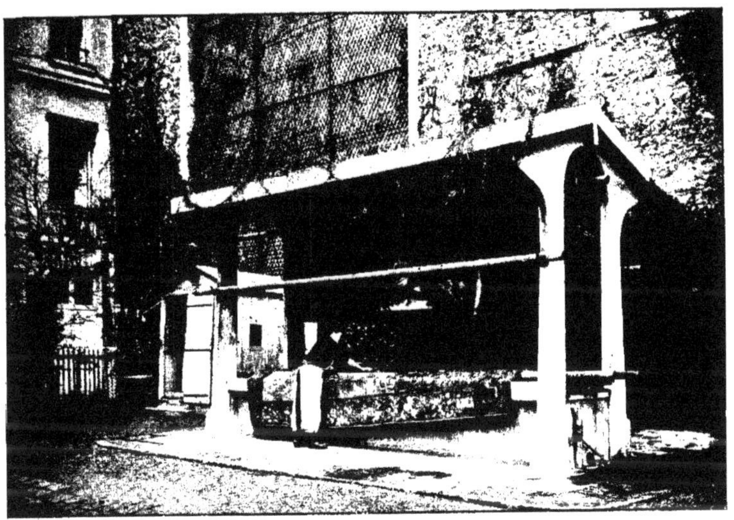

Le bac servant à laver les tapisseries.

jadis de la négligence de leurs gardiens, ils viennent d'être rentoilés, remis sur châssis et encadrés; leur conservation est maintenant assurée. Nous avons déjà signalé l'intérêt de ces fleurs de Tessier et de Jacques, dessinées et peintes avec tant de conscience et d'habileté.

Une bibliothèque, considérablement augmentée depuis quelques années, renferme, à côté d'ouvrages de littérature, de revues, de livres classiques mis à la disposition des tapissiers et des employés, tout ce qui se publie, en France et à l'étranger, sur l'histoire de la tapisserie et sur le tapis, avec une collection de plusieurs milliers de gravures et de photographies relatives à tous les genres de tissus.

Cette bibliothèque possède aussi certaines publications étrangères dont il n'existe que ce seul exemplaire à Paris. Aussi, elle est parfois mise à contribution par les chercheurs et les savants. Est-il besoin d'ajouter que toutes facilités leur sont données pour consulter les collections techniques des Gobelins ? Avec une dépense modique, cette collection spéciale arrive à se tenir au courant de tout ce qui paraît de nouveau sur l'art de la haute et de la basse lisse.

Les Archives de la manufacture, bien classées, présentent des séries complètes pour l'époque moderne. Elles possèdent sur les XVIIe et XVIIIe siècles une série de copies de documents, réunies par MM. Lacordaire et Darcel, consultées parfois par les chercheurs ; on y rencontre aussi quelques pièces originales acquises à des ventes ou offertes par des amateurs. Quelques-unes, notamment un contrat d'apprentissage portant la signature de Colbert, sont exposées dans les ateliers.

L'École des Gobelins fut instituée surtout pour préparer les élèves et les apprentis tapissiers à la pratique de leur métier. L'enseignement y vise spécialement ce but. Le cours supérieur, le seul qui intéresse sérieusement l'avenir de la manufacture, embrasse l'étude du modèle vivant et les diverses applications de la décoration à la tapisserie. Pendant quatre mois d'hiver, de novembre à mars, le cours du soir réunit les élèves pour la copie de la nature, alternée avec celle de l'antique. Ce cours a joui naguère d'une véritable réputation ; de vieux tapissiers, aujourd'hui professeurs de la Ville de Paris, aiment à rappeler les médailles remportées par eux dans les concours trimestriels de l'école des Beaux-Arts.

Il existait jusqu'ici un cours élémentaire dont les élèves étaient recrutés surtout parmi les enfants du quartier. La multiplicité des écoles municipales de dessin a rendu ce cours à peu près inutile.

Les terrains des Gobelins s'étendent sur les deux rives de la Bièvre. La petite rivière, dont le cours est empoisonné depuis longtemps par les industries voisines, avait provoqué, dès le XVIIIe siècle, les plaintes des riverains et des habitants du faubourg Saint-Marcel. Resserrées dans un ravin profond, au pied de la Butte aux Cailles, ses eaux devenaient torrentielles après les pluies d'orage et causaient de temps en temps de désastreuses inondations dont le souvenir a été conservé par les historiens. On a entrepris, il y a une trentaine d'années, de canaliser ce cours d'eau en le voûtant. Vers 1867, le pont qui reliait depuis longtemps les bâtiments de la manufacture

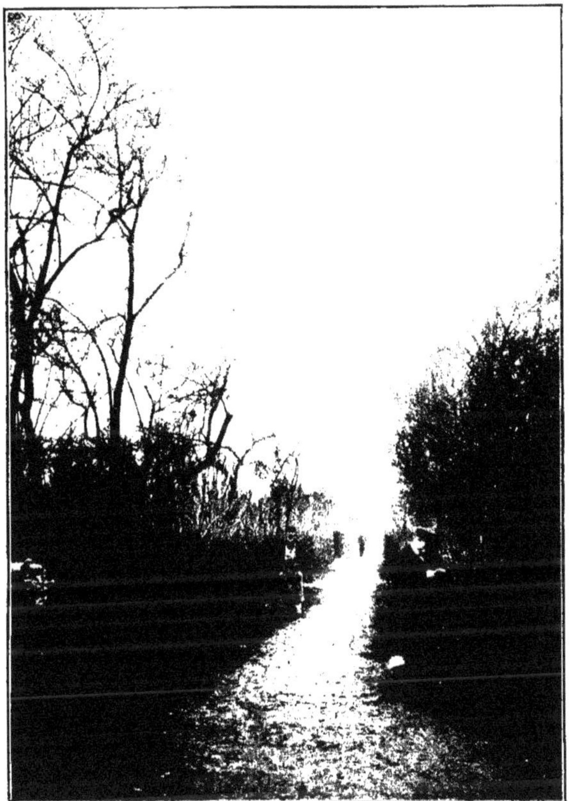

Les jardins des Gobelins.

aux jardins situés de l'autre côté de la rivière, a disparu après la couverture de la Bièvre. Ces jardins, séparés des ateliers par le bras qui alimentait autrefois le moulin de Croulebarbe, occupent une superficie d'environ trois hectares, divisés entre les tapissiers et les employés. Leur jouissance, fort appréciée des habitants de la maison,

8

compense dans une certaine mesure la modicité des traitements et attache étroitement les familles de tapissiers à la manufacture. Le plus souvent, le fils qui a suivi la profession de son père hérite de son terrain et trouve dans la culture de ce petit carré de terre, en même temps qu'un exercice salutaire, une distraction précieuse à tous les points de vue. Si ces terrains étaient vendus, comme on l'a plus d'une fois proposé, l'État ne retirerait qu'un mince profit de cette opération fiscale et la condition des tapissiers se trouverait ainsi complètement modifiée. L'intimité cordiale existant actuellement entre les membres de cette grande famille des Gobelins serait supprimée du coup; une augmentation de salaire, toujours difficile à obtenir d'un Parlement, ne compenserait pas pour nos travailleurs le bien-être que leur procurent les arbres et les fleurs qu'ils cultivent et soignent eux-mêmes. Il faut voir ces plantations quand les arbustes ou les rosiers sont en pleine fleur, et bien des visiteurs que nous y avons conduits ont été tout surpris de rencontrer cet oasis de verdure, ces massifs de plantes éclatantes dans un quartier reculé, loin du centre de Paris. La conservation des jardins s'impose si l'on veut garder à la vieille institution de Louis XIV son caractère et son homogénéité. Il ne faut pas plus détruire les jardins qu'il ne faut toucher aux anciens bâtiments de la manufacture. Tout cela se tient, tout cela évoque un passé glorieux qui mérite bien d'être respecté.

IX

Le passé et l'avenir de la Manufacture des Gobelins

Si nous jetons un regard d'ensemble sur le travail de la manufacture des Gobelins pendant les trois siècles dont nous venons de résumer l'histoire, nous constaterons que nos tapissiers, après avoir avantageusement lutté avec les artissans flamands au début du XVIIe siècle, ne connaissent plus de rivaux depuis Louis XIV. A partir de 1660, la réputation des Gobelins l'emporte sur celle de tous les établissements similaires; au XVIIIe siècle, cette renommée atteint son apogée et s'étend jusqu'aux pays les plus éloignés. Enfin, au

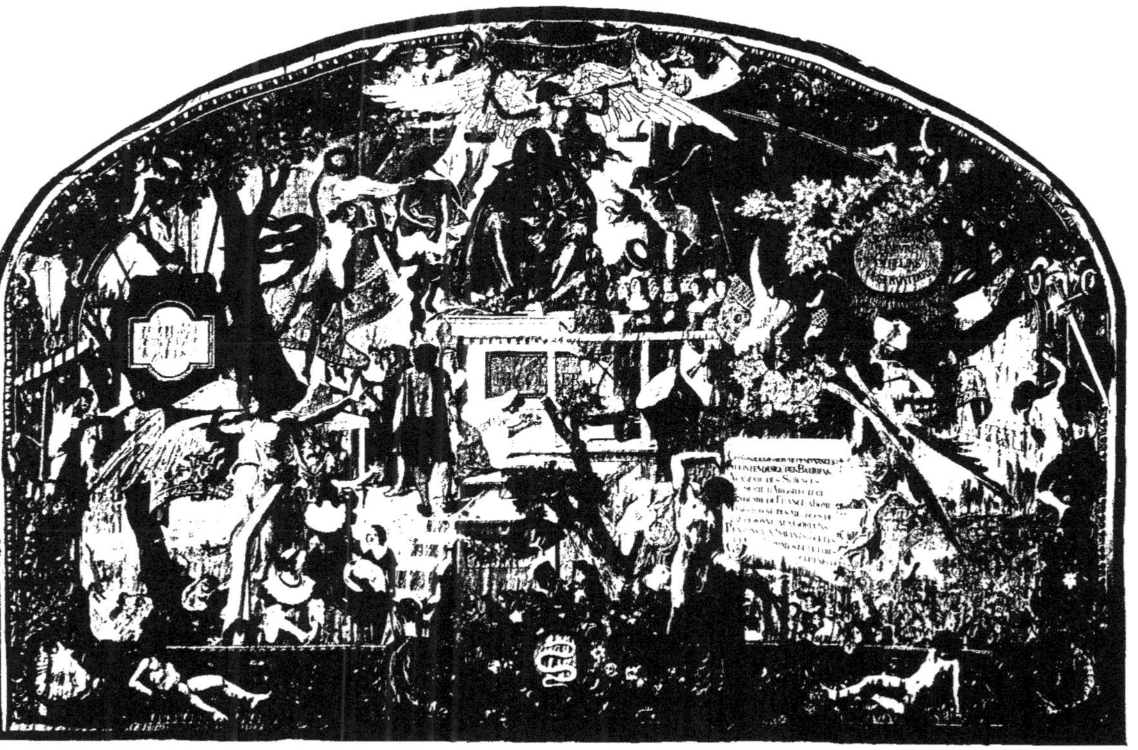

Hommage à Colbert. Tapisserie d'après M. J.-P. Laurens.

XIXe siècle, notre manufacture reste le dernier asile de l'art de la tapisserie, au moment où il est sur le point de disparaître par un revirement du goût public. Pendant ces trois siècles, les tapissiers parisiens avaient produit, avec le concours d'artistes de grande valeur, une série d'œuvres magnifiques, dont nous allons essayer de donner la récapitulation sommaire.

Pour la longue période du règne de Louis XIV, le nombre des tapisseries exécutées dans notre atelier national arriverait, en combinant les données fournies par les Comptes des Bâtiments du Roi avec celles de l'Inventaire du Mobilier de la Couronne, à douze cents environ. C'est le chiffre qui résulte des recherches de M. Fenaille, consignées dans son État général des tapisseries des Gobelins. On ne saurait évaluer à moins d'un millier de pièces au moins la production des trois ateliers parisiens antérieurs à Louis XIV ; comme ils travaillaient pour le commerce, ils déployaient une grande activité et s'occupaient à la fois d'œuvres très délicates et très soignées et de tentures assez vulgaires. Pour le XVIIIe siècle, on pourrait porter à une douzaine environ par année le nombre des tentures murales de haute ou de basse lisse terminées dans nos ateliers. Soit en tout 3000 à 3400 tapisseries pour les deux premiers siècles de l'existence de la maison. Le ralentissement du travail, causé par des motifs d'ordre très différent, devient sensible à partir de 1793. Encore peut-on compter pour cette dernière période environ cinq ou six panneaux par an. Il n'y a guère de chance d'erreur en fixant la production à six cents pièces de toute nature pour le XIXe siècle. On arrive ainsi au total de quatre mille tapisseries environ. En tenant compte de toutes les pertes ayant diminué ce chiffre, il en restera toujours le tiers ou le quart. N'eût-on conservé que mille ou douze cents des tentures qui constituaient autrefois l'orgueil et la gloire du Mobilier de la Couronne, nous possèderions encore un trésor inestimable, envié par tous les autres pays. Que de richesses perdues par insouciance et par négligence ! Et après tant de désastres, c'est encore à des millions, à des dizaines, à des centaines de millions peut-être, qu'il faudrait évaluer la valeur des œuvres d'art crées par nos manufactures de tapisseries des Gobelins et de Beauvais ! Est-ce là une prodigalité inutile ? Existe-t-il beaucoup d'établissements d'État ayant donné de pareils résultats ? Les quelques millions dépensés par Louis XIV et ses successeurs ont-ils donc été employés en pure perte ? Voici pour le passé; envisageons maintenant l'avenir.

Le prestige de nos manufactures nationales, dont nous faisons, suivant notre habituelle insouciance, trop bon marché, reste intact chez nos voisins. Je le sais mieux que personne, aussi bien par le nombre des visiteurs, presque tous de nationalité étrangère, qui se pressent dans nos ateliers les jours de visite, que par les déclarations très catégoriques de ces amateurs. La dépense minime de la manufacture peut-elle entrer en balance avec la considération qu'elle nous procure ? Bien des pays voisins ont tenté, depuis un demi-siècle, de rivaliser avec les Gobelins ; toutes les tentatives faites dans ce but ont abouti à de lamentables échecs, à la reconnaissance de notre écrasante supériorité. Et la réputation des Gobelins ne rejaillit-elle pas sur notre industrie nationale ? N'assure-t-elle pas aux vieux ateliers d'Aubusson une considération qu'ils obtiendraient difficilement sans la recommandation et le prestige de ce nom de Gobelins ? La manufacture de Sèvres ne porte-t-elle pas très haut le drapeau de la céramique française ? Ne contribue-t-elle pas pour une bonne part, elle aussi, à maintenir le crédit de nos porcelaines de Limoges et à les défendre dans la lutte ardente que se livrent depuis une vingtaine d'années les céramistes de toute l'Europe.

Depuis un certain temps, les Gobelins se sont encore signalés par les services rendus dans des circonstances exceptionnelles. Reprenant une vieille tradition de la monarchie, le gouvernement de la République a jugé que rien ne saurait inspirer une plus haute idée du goût et de l'art français qu'une œuvre de nos tapissiers. Nos tentures tiennent une place d'honneur parmi les présents offerts à des souverains étrangers, lors d'une visite, d'un couronnement, d'un mariage. Certaines pièces de tapisserie ont été envoyées en Extrême Orient, comme cela eut lieu sous Louis XIV et sous Louis XV. L'Annam et la Perse ont reçu en cadeaux des travaux de notre manufacture, fort appréciés jusque dans ces régions lointaines. N'est-ce pas là encore un excellent emploi du budget de l'État? N'est-il pas de nature à rehausser le prestige, la réputation artistique de notre pays?

Tout récemment, plusieurs tapisseries ont été commandées et acquises par des amateurs distingués. Si ces transactions étaient facilitées, nul doute que de nouveaux débouchés ne fussent rapidement assurés à nos ouvrages. Certes, la vente des tentures ou des meubles tissés dans nos ateliers ne prendra jamais une grande extension. Leur prix constitue un obstacle sérieux à leur diffusion, et il vaut mieux ne pas avilir cette fabrication en cherchant le bon marché à tout prix. Des témoignages positifs établissent toutefois que plus d'un riche amateur n'hésiterait pas à s'adresser à nos ateliers, à leur commander un mobilier en tapisserie ou tout un ensemble de décoration murale, s'il avait l'espoir que sa requête fût favorablement accueillie. Il ne faut pas se le dissimuler, le prix toujours croissant des tapisseries anciennes a valu un regain de faveur aux œuvres modernes. Pourquoi l'État n'en profiterait-il pas?

Ainsi, à des points de vue très différents, le rôle glorieux que notre manufacture a joué par le passé dans l'histoire de l'art français n'est pas fini. Oubliée, négligée pendant un grand nombre d'années, par suite du discrédit où était tombé la nature de son travail, la manufacture des Gobelins a conservé un prestige incontestable chez toutes les nations qui marchent à la tête de la civilisation. Elle peut aussi exercer une influence féconde sur la direction et le développement de l'industrie française, si l'on sait user comme il convient des ressources de notre antique et célèbre institution.

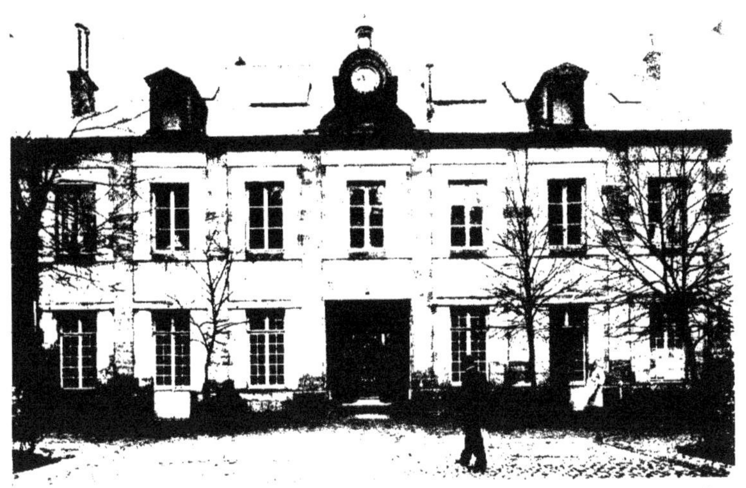

Manufacture de Beauvais. Pavillon Louis XIV.

SECONDE PARTIE

LA MANUFACTURE DE BEAUVAIS

I

Les débuts de la tapisserie à Beauvais

La ville de Beauvais a-t-elle possédé un atelier de tapisseries avant la création de la manufacture royale établie par Colbert ? Actuellement, il est difficile de faire à cette question une réponse catégorique. Mais il se pourrait bien que les deux tentures du XVe et du XVIe siècle, aujourd'hui exposées dans la cathédrale, aient été tissées à Beauvais même. Voici les raisons présentées en faveur de cette hypothèse.

La plus ancienne de ces tentures représente l'*Histoire de saint Pierre*, en huit panneaux, dont l'un se trouve au musée de Cluny. Une inscription, tissée sur une pièce qui n'existe plus, rappelait que les tapisseries avaient été offertes, après 1444, par Guillaume de Hellande, évêque de Beauvais, à son église cathédrale. On a donc la date précise de l'exécution. Guillaume de Hellande, évêque de 1444 à 1462, a pu commander cette tenture à un tapissier picard qui serait venu l'exécuter sous les yeux de son client, comme cela se pratiquait souvent à cette époque. Cette supposition aurait besoin d'être corroborée par des documents. En tout cas, l'histoire de saint Pierre sort très certainement d'un atelier de la province.

Quant à l'autre tenture en cinq pièces, dont l'une porte la date 1530, qui représente la suite des anciens Rois des Gaules, telle qu'elle est donnée par des historiens quelque peu fantaisistes du moyen âge, elle offre des armoiries qui sont certainement celles de leur premier propriétaire. Or, M. Jules Badin a découvert le nom du personnage à qui appartenait ce blason. C'était un chanoine nommé Nicolas d'Argillières. Il habitait, de 1510 à 1561, une maison voisine de la cathédrale, connue sous le nom de maison du Chantre. Sur le joli porche gothique qui précède la porte intérieure de cette demeure canoniale sont sculptées dans la pierre les mêmes armoiries que sur la tenture des Rois des Gaules. Il semble donc bien probable que le même personnage avait fait bâtir la maison du Chantre pour y résider et commander les tapisseries pour la décoration de ce logis; car elles n'étaient pas, à coup sûr, destinées à une église ; le sujet s'y opposerait.

D'autre part, des recherches de M. Badin il résulte que des tapissiers hautelissiers travaillèrent à Beauvais en 1518 et en 1548, précisément à l'époque où vivait Nicolas d'Argillières. Le dessin des figures et des costumes accusant une main bien française, quoi de plus naturel que de supposer que le chanoine aura profité de la présence des tapissiers pour leur commander la tenture destinée à son habitation. Bien des attributions sont basées sur des preuves moins plausibles. A sa mort, Nicolas d'Argillières aura légué ses tapisseries à l'église, et c'est ainsi que s'explique la présence de ces scènes profanes dans le trésor de la cathédrale. Ainsi donc, bien avant la fondation de Louis XIV, la ville de Beauvais aurait été un centre de fabrication de tapisseries.

Fille de la manufacture des Gobelins, la manufacture royale de Beauvais prit naissance en 1664; les lettres-patentes du roi sont du mois d'août. Cette date a fait dire quelquefois que l'atelier provincial

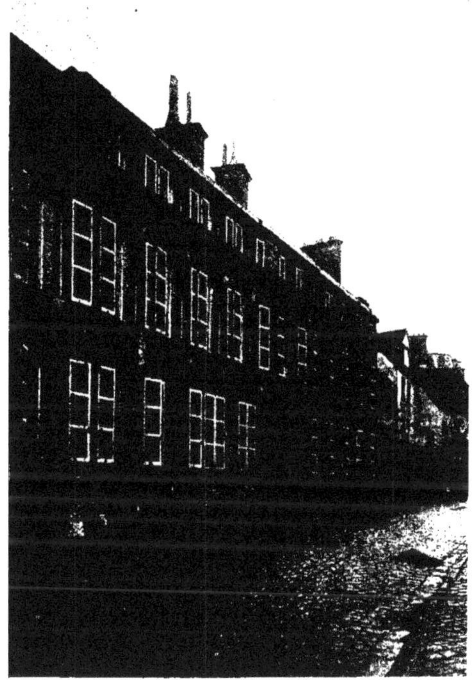

Vue extérieure de la manufacture de Beauvais.

avait précédé celui de Paris dont les règlements furent édictés seulement en novembre 1667. Mais il existait des métiers aux Gobelins bien avant 1667, tandis qu'à Beauvais tout était à créer au moment où furent signées les lettres royales.

Sans aucun doute, en doublant ainsi la manufacture des Gobelins par un établissement provincial de moindre importance, le grand ministre de Louis XIV destinait cette sorte de succursale de la maison mère à fournir au commerce les marchandises courantes, tandis que les œuvres de la grande manufacture royale seraient exclusivement réservées à l'ameublement des résidences princières. Si le souverain contribuait dans une certaine mesure aux premiers frais d'installation, les directeurs du nouvel atelier devaient par la suite se suffire à eux-mêmes et pourvoir aux dépenses de toute nature de leur industrie par la vente de leurs produits. Telle avait d'ailleurs été l'intention formelle du fondateur de la première manufacture des Gobelins. Le roi Henri IV, en dotant la nouvelle industrie française de privilèges et d'avantages considérables, exigeait absolument qu'elle se mît en mesure de lutter commercialement contre les importations étrangères. Pour atteindre ce but, il fallait que la manufacture royale se fît une clientèle dans le public ; c'est à cet effet que la création de plusieurs ateliers provinciaux lui fut imposée. Ceux d'Amiens et de Calais n'ont pas laissé de souvenirs ; mais celui de Tours connut une période de prospérité qui dura quelques années au début du XVIIe siècle. Peut-être dut-il ce succès à la proximité du château de Richelieu et aux encouragements du tout-puissant cardinal. On s'étonnera que Colbert, désirant créer, pour des besoins spéciaux, un atelier en province, n'ait pas eu l'idée de relever et de développer la manufacture de Tours. Sans doute il préféra fonder un établissement entièrement nouveau, dans une ville plus rapprochée de Paris. Quoi qu'il en soit des motifs qui influèrent sur le choix du souverain, cette fille de la manufacture des Gobelins fut certainement destinée, dans l'esprit du ministre, à faire une concurrence sérieuse aux manufactures étrangères et à retenir en France les sommes que la vieille industrie flamande attirait à l'étranger. La qualité même des tentures exécutées dans l'atelier de Beauvais dès ses débuts, tentures consistant surtout en verdures, montre bien le rôle assigné à cet établissement.

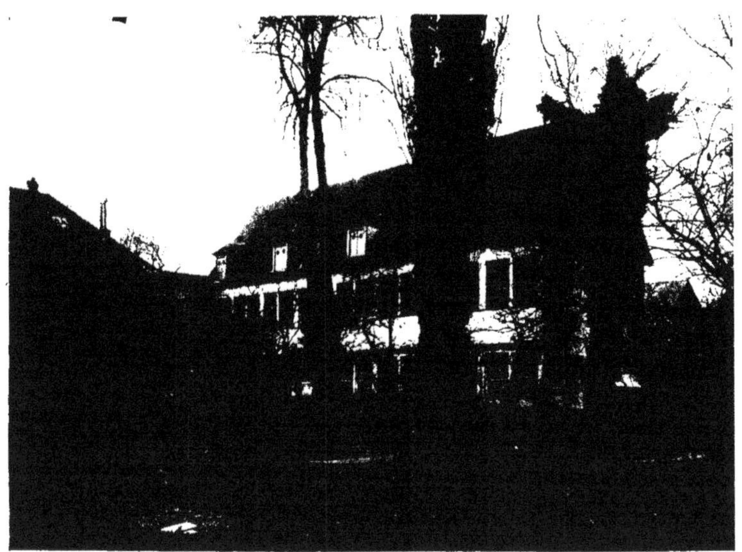

Vue des ateliers sur le jardin.

II

De Hinart à J.-B. Oudry (1664-1726)

De notables avantages étaient accordés par l'édit d'août 1664 « aux manufactures royales de tapisseries de haute et basse lisse établies en la ville de Beauvais et autres lieux de Picardie ». Louis Hinart, ancien marchand tapissier et bourgeois de Paris, directeur de la manufacture, était déchargé des frais d'acquisition et de construction des bâtiments jusqu'à concurrence des deux tiers payés par le trésor royal, le surplus restant au compte de l'entrepreneur. On évalue cette contribution aux dépenses de première installation à 30 000 livres ; une somme égale, remboursable en six années, était avancée, à titre de prêt seulement, pour l'acquisition des laines, drogues, teintures et autres marchandises nécessaires à la fabrication. Par contre, Hinart s'engageait à entretenir cent ouvriers dès la première année, à augmenter le nombre des travailleurs du même nombre pendant six ans. Une somme de vingt livres lui était allouée par chaque ouvrier qu'il ferait venir des pays étrangers; il recevait de plus trente livres par an pour la nourriture et l'entretien de chacun des cinquante apprentis qu'il avait l'obligation de former, la durée de l'apprentissage étant fixée à six années. Suit l'énumération de divers privilèges ou exemptions de droits pour les chefs de la maison et pour les tapissiers; inutile d'entrer dans le détail de ces libéralités. Notons toutefois que chaque tenture de tapisserie de vingt aunes de cours au moins, exportée dans les pays étrangers, valait à l'entrepreneur une prime de vingt livres.

Si sérieux que fussent ces avantages, ils ne suffirent pas encore à assurer l'existence et la prospérité de la manufacture. Hinart avait réuni une centaine d'ouvriers, principalement des Flamands ; il leur fit tisser surtout des verdures à petits personnages. C'est à cette période qu'on attribue les *Jeux d'enfants*, d'après les modèles de Corneille. Dans le cours d'une vingtaine d'années, plusieurs centaines de tentures, dit-on, sortirent de l'atelier provincial. Une opinion fort répandue tendrait à faire supposer que Beauvais ne livrait guère au commerce que des garnitures de sièges ; c'est une erreur. La manufacture a toujours fabriqué des tentures murales, atteignant parfois de grandes proportions. Ces verdures ne rencontrèrent-elles pas la clientèle sur laquelle on comptait? L'entrepreneur manquait-il d'ordre et des qualités indispensables pour le commerce? Bref, les dépenses dépassèrent les recettes et, en 1684, le fondateur de la manufacture se trouvait complètement ruiné. Il dut se retirer et céder la direction à un tapissier flamand, originaire de Tournai, Philippe Béhagle.

Plus avisé, plus actif peut-être que son prédécesseur, Béhagle ne tarda pas à relever l'entreprise qui lui était confiée et lui assura une période de prospérité qui dura une vingtaine d'années. Il ne craignit pas de se lancer dans la fabrication des grandes compositions historiques devant laquelle avait reculé Hinart. Les copies des *Actes des Apôtres* de Raphaël, exposées aujourd'hui dans la cathédrale de Beauvais et portant dans la lisière la signature de Béhagle, prouvent que les tapissiers de ce temps-là étaient parvenus à une véritable maîtrise. Mais, c'est peut-être dans la facture des bordures enguir-

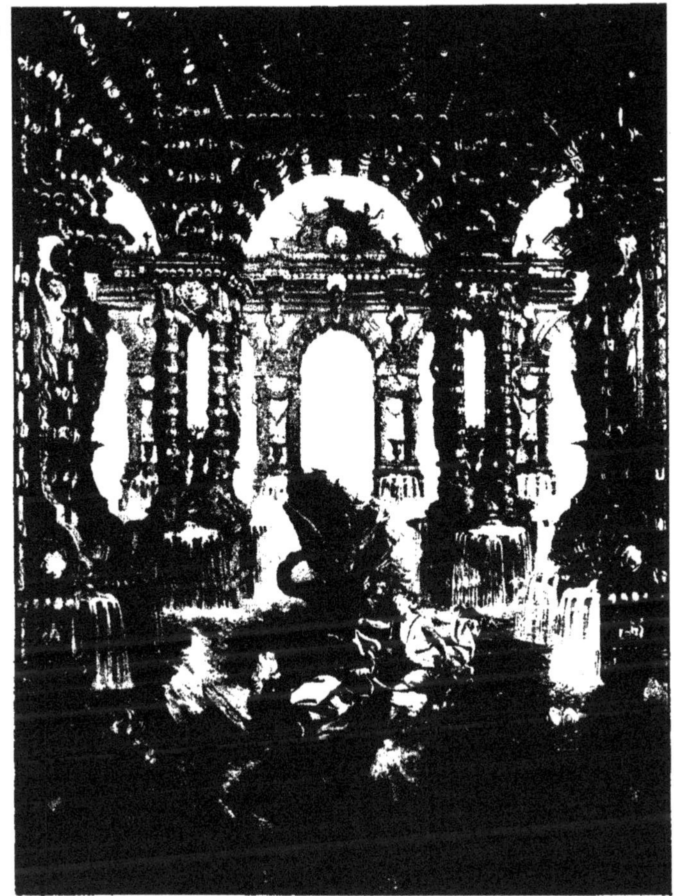

Triomphes marins, d'après Berain, aux armes du comte de Toulouse.

landées de fleurs que s'affirme leur véritable supériorité, car l'atelier de Beauvais s'est toujours signalé par l'exécution des fleurs et des ornements. A cette époque, la haute lisse aurait été pratiquée à Beauvais, concurremment avec la basse lisse ; elle ne fut abandonnée complètement que sous la direction du peintre Oudry. La haute lisse servit peut-être à l'exécution de ces grandes tentures qui semblent vouloir rivaliser avec les ouvrages des Gobelins et qui caractérisent la direction de Béhagle. Des *Actes des Apôtres* il faut rapprocher les *Conquêtes de Louis le Grand*, dont fait partie cette bataille de Cassel conservée au musée de Versailles, et aussi les *Aventures de Télémaque*, d'après les cartons d'Arnault, l'*Histoire d'Achille*, les *Grotesques* à fond jaune et les *Triomphe des Divinités marines*, d'après Berain. On a vu tout récemment une suite en quatre pièces de ces *Triomphes*, avec la signature de Behagle, dans la vente après décès du baron de Hirsch. Cette tenture avait été tissée pour le comte de Toulouse, dont les armes reparaissent deux fois au bas de chaque pièce.

Le splendide catalogue des tentures de la Couronne de Suède, rédigé avec tant de science par le Dr John Böttiger, a révélé l'existence et raconté l'histoire de quatre grandes pièces historiques conservées dans la collection royale de Stockholm. Martin, l'élève préféré de Van der Meulen, avait été chargé de représenter les hauts faits de la campagne du roi Charles XI contre le Danemark ; les bordures étaient l'œuvre de Berain. Les sujets choisis représentaient le *Siège de Malmœ*, le *Combat de Landskrona*, dont nous donnons ici une reproduction, et deux épisodes de la *Bataille de Lund*. L'exécution en tapisserie fut confiée à Béhagle. Le siège de Malmœ était terminé en 1699, la même année que la bataille de Landskrona qui porte la signature de Béhagle, ainsi que la troisième journée de la bataille de Lund. Sans cette signature, sans les documents mis au jour par le Dr Böttiger, il serait difficile de reconnaître dans ces tapisseries un ouvrage de l'atelier de Beauvais. Un des épisodes du combat de Lund est signé D. Lacroix, ce qui donne à supposer que l'ancien entrepreneur de basse lisse des Gobelins travailla quelque temps chez Béhagle.

Au surplus, notre entrepreneur n'avait rien négligé pour développer les talents de ses ouvriers. Persuadé que le dessin est la base fondamentale de toute œuvre décorative, il créa dans la manufacture une école de dessin. Le succès couronna ses intelligents efforts et, à l'époque où les tapissiers des Gobelins, non payés, devaient gagner

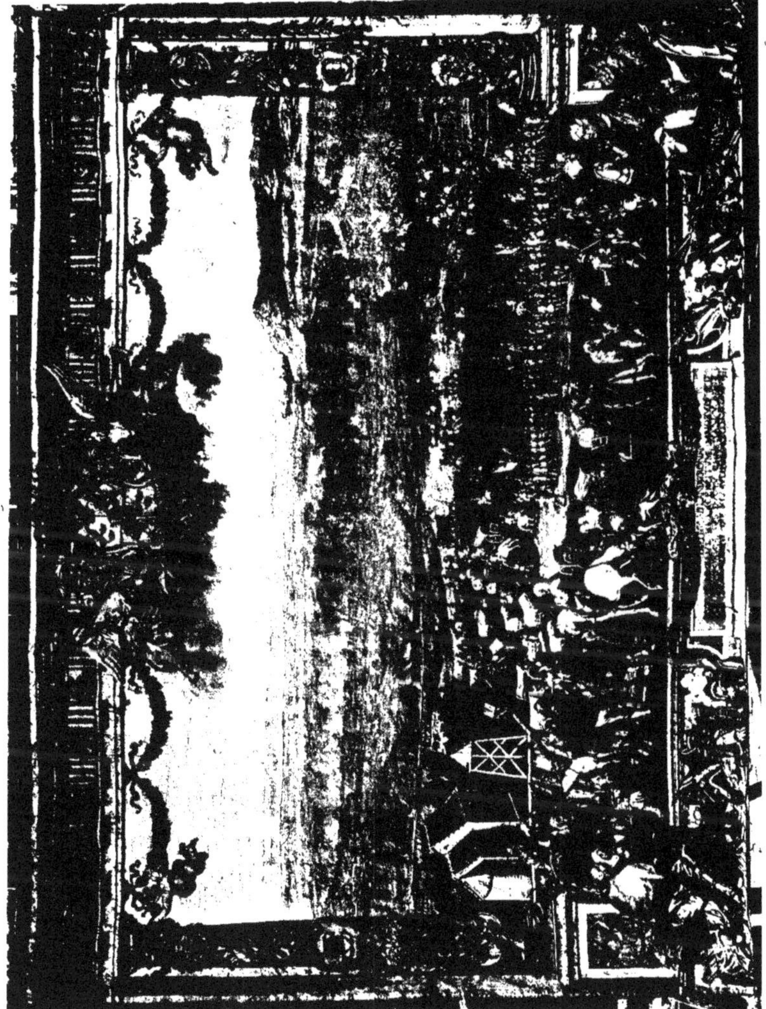

La combat de Landskrona, tapisserie de Beauvais, d'après Martin.

leur vie en s'engageant dans les armées du Roi ou retourner dans leur pays pour ne pas mourir de faim, plusieurs d'entre eux trouvèrent un asile avec de l'occupation à Beauvais, et là ils purent attendre des temps meilleurs.

Le roi avait d'ailleurs donné à l'intelligent directeur une marque signalée de sa faveur et de sa satisfaction. Il vint visiter la manufacture ; on voit encore, dans le petit jardinet du directeur, l'inscription suivante, conservant le souvenir de cette mémorable visite : « Le Roy Louis XIV s'est reposé sous cet ombrage en 1686. Le sieur Béhagle était alors directeur de la manufacture. »

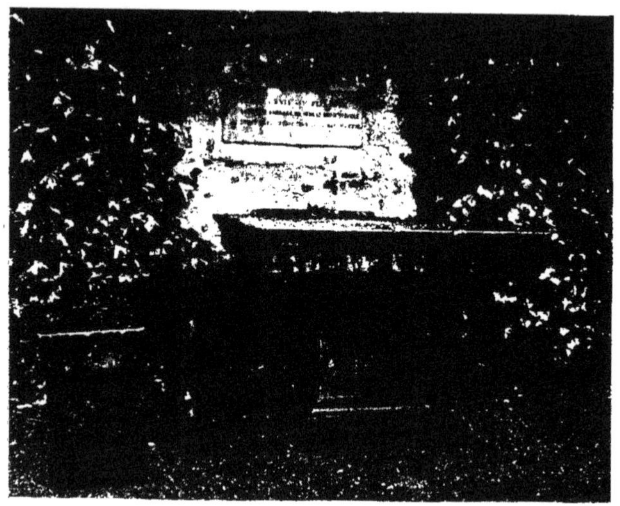

Plaque commémorative de la visite de Louis XIV en 1686.

Lorsqu'il mourut en 1704, Béhagle laissait la manufacture dans un état des plus prospères. Sa veuve et ses fils lui succédèrent, mais ne restèrent que six ans à la tête de l'atelier. On arrivait aux jours les plus sombres de la fin du grand règne. Aussi, les frères Filleul, qui prirent la place des Béhagle en 1711 et la gardèrent jusqu'en 1722, se virent-ils rapidement, peut-être par incapacité, réduits aux dernières extrémités. D'après un historien, ils se seraient vus dans la nécessité, faute de ressources, de mettre en loterie une tenture chinoise.

Après les frères Filleul, que la protection du Régent fut impuissante à tirer d'embarras, vient Mérou qui ne montra guère plus d'habileté que ses devanciers. Et pourtant, il avait obtenu des avantages considérables : octroi d'une indemnité de 50 000 livres et avance de 90 000 livres, remboursables en six années ; paiement par le trésor royal de toutes les commandes de dessins et de tableaux ; annuité d'entretien de 3 000 livres. Tous ces subsides ne sauvèrent pas l'entreprise. Mérou se trouva bientôt à bout de ressources ; l'examen de ses livres fit découvrir de graves erreurs ou même des malversations ; l'entrepreneur eut beaucoup de peine à éviter une punition sévère.

On rencontre quelquefois des verdures accompagnées d'oiseaux et d'animaux avec la signature Filleul ou le nom de Mérou. Ces pièces sont en général d'une exécution assez faible.

Après la mort de Lepape, chargé sous Béhagle de diriger l'école dessin, les fonctions de professeur avaient été attribuées au peintre Duplessis, avec appointements de 2 000, puis de 3 000 livres. Cet artiste peignit aussi les modèles de plusieurs tentures : l'*Ile de Cythère* en six pièces, des *Sujets de Bohémiens*, en cinq pièces, enfin un tableau de *Vénus et Vulcain*.

III

De J.-B. Oudry à la fin du XVIIIe siècle (1726-1792)

Le directeur des Bâtiments du Roi, c'était à cette époque le duc d'Antin, eut la main heureuse quand il choisit le successeur de Mérou. Il chargea le peintre Jean-Baptiste Oudry, alors dans tout l'éclat de sa réputation, de relever la manufacture si compromise. On ne pouvait faire un meilleur choix. A un talent reconnu Oudry joignait une prodigieuse activité et une puissance de travail extraordinaire. Il se consacra tout entier à la tâche qu'il avait acceptée et, sous son administration, la manufacture prit un développement qu'elle n'avait jamais connu auparavant.

Oudry avait remplacé, en 1726, Duplessis, comme peintre de la manufacture, aux appointements de 3500 livres. A partir de cette époque, il ne cesse d'enrichir les ateliers de modèles nouveaux, tous excellents pour leur destination. Sa facilité d'exécution lui permet de travailler simultanément pour les ateliers des Gobelins et ceux de Beauvais. Nous avons parlé de cette suite des *Chasses de Louis XV*, en neuf pièces, reproduite deux fois aux Gobelins et restée un des types les plus caractéristiques de la tapisserie française au XVIIIe siècle. Les modèles créés pour l'atelier dont Oudry avait plus spécialement la responsabilité ne sont pas moins remarquables, et la manufacture de Beauvais dut un de ses plus grands sucès à ces Fables de La Fontaine où l'artiste a déployé tout son talent de peintre animalier. Les fables de La Fontaine, reproduites maintes fois à Beauvais, furent copiées et recopiées dans toutes les manufactures françaises et étrangères, ce qui explique l'existence de cette quantité d'exemplaires de sujets identiques d'une interprétation si différente.

Pour accompagner les modèles de sièges ainsi décorés, Oudry peignit plusieurs panneaux dans le même ordre d'idées : les deux Chèvres, le Lion et le Sanglier, la Lice et sa Compagne, le Renard et les Raisins. Il ne s'en tint pas là; il osa risquer une incursion sur le domaine de Molière et traduire les scènes principales de quatre de ses œuvres les plus célèbres : Le *Médecin malgré lui*, le *Dépit amoureux*, l'*École des maris*, le *Malade imaginaire*. Ces modèles n'ont été, croyons-nous, reproduits qu'à un exemplaire unique qu'on voyait récemment dans le bel hôtel de M. Rodolphe Kahn. L'artiste qui sait si bien représenter les animaux, montre ici les qualités d'un excellent peintre de figures. Au surplus, les *Chasses de Louis XV* et bien d'autres compositions mythologiques ou historiques avaient assez prouvé la souplesse de son talent et son aptitude à se plier aux genres les plus variés. Parmi les compositions qu'il peignit pour les tapissiers, on en signale plusieurs dont les sujets sont moins connus que ceux qu'il avait tirés de Molière et de La Fontaine. Telle est la tenture de *la Chasse*, en six panneaux : Chasse au cerf, au loup, au renard, au daim, au sanglier; enfin le limier. Les *Amusements champêtres* comptent huit pièces : le Cheval-fondu, le Colin-Maillard, la Bergère, le Pied de bœuf, le Joueur d'osselets, le Balanceur, etc.

Rien ne convenait mieux que de pareilles scènes à des tentures de dimensions restreintes.

Les *Métamorphoses* accusaient peut-être des aspirations plus hautes. La tenture complète comptait huit tableaux : Io changée en vache, le Palais de Circé, Ocyrhoé changée en jument, Cadmus changé en serpent, les poissons de Glaucus, Hippomène et Atalante changés en lion, Actéon en cerf, Jupiter en taureau. Il nous serait difficile de porter un jugement sur cette série ; on la rencontre rarement. Il en est de même de la *Verdure fine* en six panneaux, attribuée à Oudry dans la notice biographique que lui a consacrée Gougenot. A moins qu'une Verdure ne porte la signature d'Oudry, on distinguerait avec peine ses modèles dans la masse des tentures aubussonnaises ou flamandes du XVIIIe siècle. Voici toujours les titres attribués à ces paysages; ils pourront aider à les identifier : l'Oiseau royal, le Chien et le faisan, la Charmille, le Butor, le Renard, le Canard. On revient ici au genre coutumier d'Oudry. Il excelle à placer quelques animaux dans un paysage plantureux, motif qui s'adapte à merveille à la tapisserie.

Si notre artiste s'entendait fort bien à fournir aux tapissiers de Beauvais d'excellents modèles, il sut se montrer en même temps administrateur habile et entendu. Entré dès 1726 à la manufacture, comme il a été dit plus haut, en qualité de directeur des travaux d'art, il ne tarda pas à remplacer complètement l'incapable Mérou à la tête de l'entreprise, et, bientôt après, il s'adjoignait un associé et un collaborateur des plus précieux en la personne de Nicolas Besnier. L'acte constatant cette association porte la date du 23 mars 1734. Nicolas Besnier, écuyer, conseiller du Roi et ancien échevin de Paris, avait la pratique des affaires commerciales qui manquait peut-être à l'artiste. De plus, rien ne l'empêchait d'établir sa résidence habituelle à Beauvais, tandis que son associé, obligé par ses devoirs académiques et par l'inspection des Gobelins, d'habiter Paris, ne pouvait faire à Beauvais que de courtes et assez rares apparitions. Encore trouva-t-il jusqu'à la fin de sa vie le moyen de suivre assidument les travaux de la manufacture. Il réorganisa l'école de dessin; il y professa lui-même. La tradition veut enfin qu'Oudry ait supprimé les métiers de haute lisse existant avant lui.

La manufacture avait alors une maison de vente à Paris, rue de Richelieu, et un magasin au cœur de l'Allemagne, à Leipsick. La réputation de la maison royale de Beauvais se répandit alors dans le monde entier, et les résultats dépassèrent toutes les espérances. Pendant la durée de sa gestion, Oudry aurait réalisé un bénéfice de près de cent mille livres. Certes, ce succès était bien mérité.

Non content de travailler constamment pour les tapissiers, Oudry fit appel au talent de tous les artistes en réputation, et on lui doit toute une série d'excellents modèles portant les noms des peintres les plus renommés du XVIIIe sciècle. La vogue des scènes que Charles Coypel avait tirées du roman de Don Quichotte lui inspira l'idée de lutter avec les Gobelins sur leur propre terrain. Le peintre Charles Natoire reçut la mission de représenter quelques épisodes du roman de Cervantes. L'ensemble comprenait dix tableaux; plusieurs existent encore dans une des galeries du palais de Compiègne et se rapportent aux sujets suivants : *Don Quichotte déshabillé par les demoiselles de la Duchesse*, exposé en 1742; *Repas de Sancho dans la forêt; Le Curé et Cardenio rencontrant Dorothée habillée en berger* (à Compiègne); *La fausse princesse de Micromicon implorant l'appui de Don Quichotte pour la rétablir sur le trône; Le bachelier Samson Carasco sous le nom de Chevalier des Miroirs vaincu par Don Quichotte* (à Compiègne); *Départ de Sancho pour l'île de Barataria* (à Compiègne); *Entrée de Sancho dans l'île de Barataria* (à Compiègne); *Repas de Sancho dans l'île de Barataria* (à Compiègne); *Don Quichotte à la caverne de Montesinos* (à Compiègne); *Sancho visitant les noisetiers.*

A la suite de quelles vicissitudes les tapisseries exécutées sur ces modèles de Natoire pour le fermier général Durfort vinrent-elles décorer les appartements du palais archiépiscopal d'Aix qui faisait partie, depuis l'Empire, de la dotation de la Légion d'honneur, on l'ignore de façon certaine; mais on a supposé qu'elles furent apportées à Aix par l'archevêque de Boisgelin de Cucé à qui elles appartenaient par héritage de famille. Elles ont gardé toute leur fraîcheur, tout leur éclat, et l'état de leur conservation est parfait. Elles font même regretter que les peintures de Natoire n'aient pas été recopiées à plusieurs exemplaires; on ne saurait concevoir de meilleurs modèles pour la tapisserie.

Au premier rang des collaborateurs d'Oudry paraît le nom de François Boucher. Nombreux et d'une qualité exceptionnelle sont ses ouvrages pour la manufacture de Beauvais. C'est d'abord cette charmante tenture de l'*Histoire de Psyché* dont on connaît trois ou quatre répétitions, dispersées un peu partout, et dont nos collections natio-

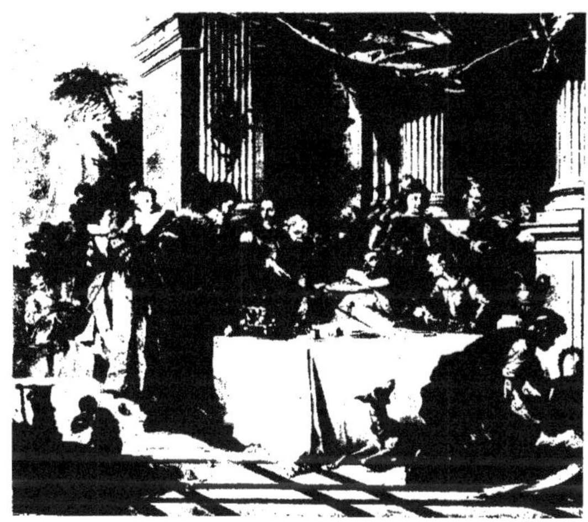

Le repas de Sancho, d'après Charles Natoire.

nales ne possèdent malheureusement pas un échantillon. Les sujets de cette suite qu'il ne faut pas confondre avec celle du début du XVIIe siècle, dont il a été question au chapitre des Gobelins, montrent l'*Arrivée de Psyché dans le palais de l'Amour*, la *Toilette de Psyché*, la *Visite des sœurs de Psyché*, *Psyché abandonnée par l'Amour*, *Psyché chez le vannier*. Certaines de ces tapisseries ont passé récemment en vente publique. On n'a pas oublié les prix qu'elles ont obtenus. Une seule atteignit 300000 francs. Une autre série appartient aux collections royales de Stockholm. Dans son bel ouvrage, M. le Dr Böttiger a décrit avec soin cette tenture achetée par le Roi de Suède, en 1745, pour la somme modique de 8835 livres, 12 sous, 8 deniers.

Que vaudrait-elle aujourd'hui? L'historien des tapisseries suédoises raconte tout au long les négociations qui précédèrent cette acquisition. Au cours de ses recherches, il a rencontré une lettre bien curieuse d'Oudry, à qui des conseils avaient été demandés sur la meilleure manière de soigner et de conserver les tentures. La réponse du maître peintre offre un trop grand intérêt pour que nous ne nous empressions pas de la reproduire ici, d'autant plus que le Catalogue

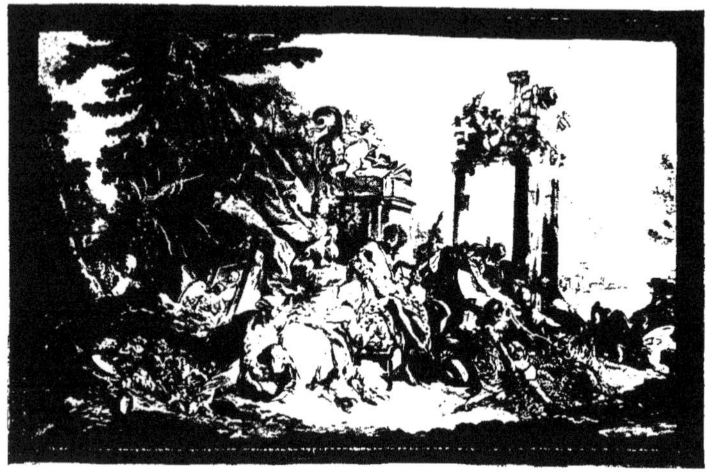

Bacchus et Ariane, d'après Boucher.

des tapisseries suédoises en quatre volumes n'est pas commun en France. Voici donc les recommandations adressées par le directeur de la manufacture de Beauvais à son royal client en lui envoyant l'*Histoire de Psyché* : « J'ay fait un roulleau sur lequel j'ay roullé « les tapisseries affin qu'il ne se trouve point de plie dans les bras, « jambe, etc. qui gate le contour. Je vous demande en grace, Mon- « sieur, d'ordonner que l'on ne la ploy jamais pour plusieurs jour; « toute les fois qu'elle sera détandue pour un certin temps, que l'on « la roulle avec attantion affin qu'il ne se glice point de façon plie (?), « et que l'on la remeite dans la quaize comme elle y sera trouvé... « Faute de prendre cette précaution de très belles tapisseries de nos

« collections publiques se sont trouvées fort endommagées par leurs « conservateurs qui prenoient le plus grand soin de les replier tou- « jours dans les mêmes plis. »

La tenture de Psyché de Stockholm porte la double signature de *Boucher* dans le terrain, et de *Besnier et Oudry à Beauvais* dans le

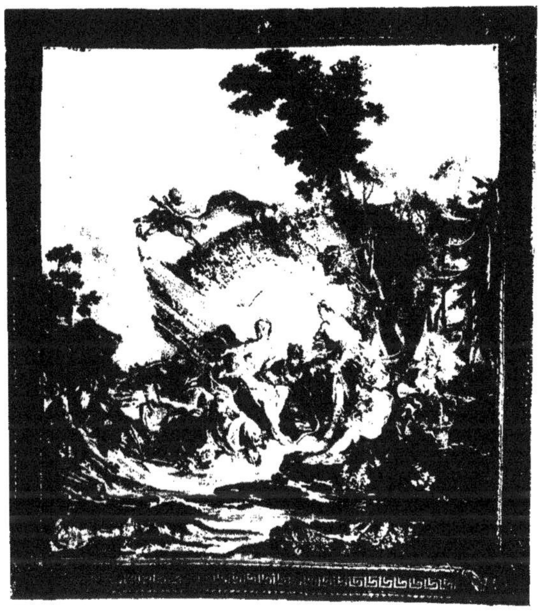

L'enlèvement d'Europe, d'après Boucher.

galon inférieur. Une autre suite semblable appartient à la Couronne d'Italie; la *Toilette de Psyché* qui en fait partie décore le palais du Quirinal. Le roi de Suède qui vivait au milieu du XVIIIe siècle était grand amateur de tapisseries; il fit de nombreuses acquisitions dans les manufactures françaises, tant aux Gobelins qu'à Beauvais, et à côté de l'histoire de Psyché se trouvent décrites plusieurs autres pièces de notre atelier provincial, notamment le *Vol de la Malle* et un *Repas champêtre*.

Le concours donné par Boucher aux travaux de Beauvais ne se

borna pas à la tenture de Psyché. Les tapissiers lui doivent les *Fêtes italiennes*, en six ou huit pièces, répétées à trente-cinq exemplaires entre 1737 et 1762, représentant les scènes suivantes : l'*Opérateur*, la *Bonne Aventure*, la *Pêche*, la *Chasse*, la *Danse*, la *Musique*, la *Collation ;* puis, les *Amours des dieux* en sept panneaux : *Enlèvement de Proserpine, Apollon, Jupiter, Neptune et Amimone, Mars et Vénus, Borée et Orithée, Enlèvement d'Europe ;* enfin la *Noble pas-*

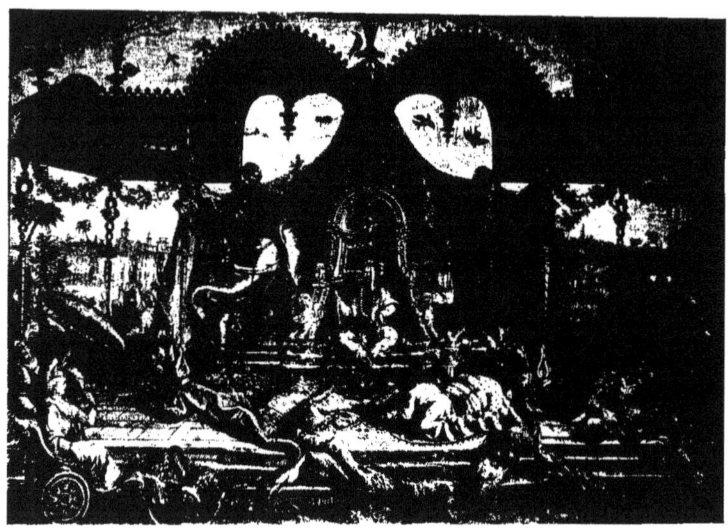

La tenture chinoise, d'après Vernansal.

torale, composée en 1764 pour les appartements de la Dauphine à Fontainebleau, et dont les différents tableaux représentaient la *Fontaine d'amour*, la *Joueuse de flûte*, la *Pipée aux oiseaux*, le *Pêcheur*, le *Déjeuner*. La *Pastorale* à palmiers avec draperies bleues décore les salons de la présidence du Corps législatif.

La Hongrie possède de belles tentures de Beauvais exécutées sur les modèles de Boucher; elles garnissent les appartements de la Présidence du Conseil à Buda-Pesth et représentent *Vénus et Vulcain, Mars et Vénus, Ariane et Bacchus*. Dans une des salles du château royal de Coblenz se voit un *Enlèvement d'Europe* de Beauvais, également attribué à Boucher[1].

Il serait à peu près impossible de dresser une liste complète et méthodique de tous les sujets traduits par les tapissiers sous la direction d'Oudry et de ses successeurs immédiats. Contentons-nous donc

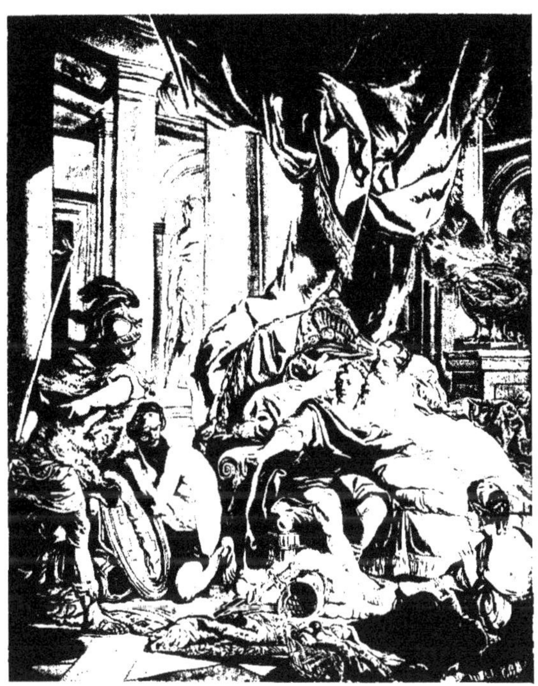

Reproches d'Hector à Pâris, d'après Deshays.

de rappeler, sans chercher à préciser les dates de son exécution, la *Tenture chinoise*, en six panneaux, d'après Fontenay, Vernansal et Dumont, répétée jusqu'à dix fois ; la *Foire de Bezons* dont on connaît de nombreuses répliques ; les *Bohémiens* de Casanova, en six tableaux, intitulés la Marche des Bohémiens, la Fontaine, le

[1] Le journal *Les Arts* de 1902 donne de bonnes reproductions de ces tapisseries.

Repos, le Vol de la Malle, le Partage du Vol, le Dormeur, répétés deux fois.

A la même époque appartiennent les *Ports de mer* en six pièces, d'après les cartons de Kerkove, Campion et Le Pape.

Nous n'entrerons pas ici dans l'examen de la grande querelle d'Oudry et des tapissiers. Le peintre demandait à ses interprètes une traduction littérale, presque servile, de la peinture. Ceux-ci objectaient qu'ils étaient des interprètes, non des copistes, que la

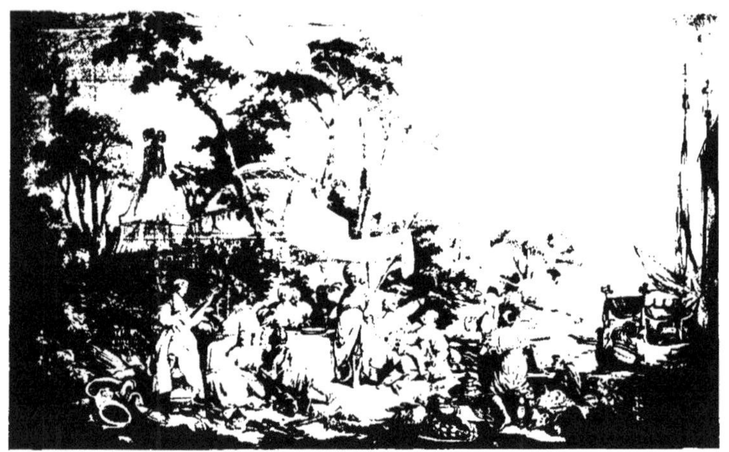

La Joueuse de guitare, des Jeux Russiens, d'après Leprince.

tapisserie ne s'accommode pas également de toutes les couleurs, qu'ils connaissaient mieux que les peintres les tons solides et les harmonies durables de la laine. Ce débat entraîna la multiplication presque illimitée des tons et des gammes pour donner satisfaction aux exigences des artistes. Mais il faut bien avouer que si c'est à l'obstination irréductible d'Oudry qu'est dû le charme des ouvrages du milieu et de la fin du XVIIIe siècle, on ne saurait lui tenir rigueur de son intransigeance.

La haute distinction qui avait couronné les succès de Béhagle récompensa les efforts d'Oudry. Louis XV vint visiter la manufacture ou, comme on disait alors, « le royaume d'Oudry ».

Quand il mourut à Beauvais, le 30 avril 1755, à l'âge de soixante-neuf ans, Oudry avait perdu depuis deux ans la précieuse collaboration de Nicolas Besnier. Ce directeur modèle avait eu pour successeur, en 1753, André-Charlemagne Charron, parent du receveur général de la Généralité de Paris. Charron se trouvait installé dans les fonctions d'administrateur lors de la mort d'Oudry. Le peintre fut inhumé dans l'église Saint-Thomas, sa paroisse, démolie en 1810,

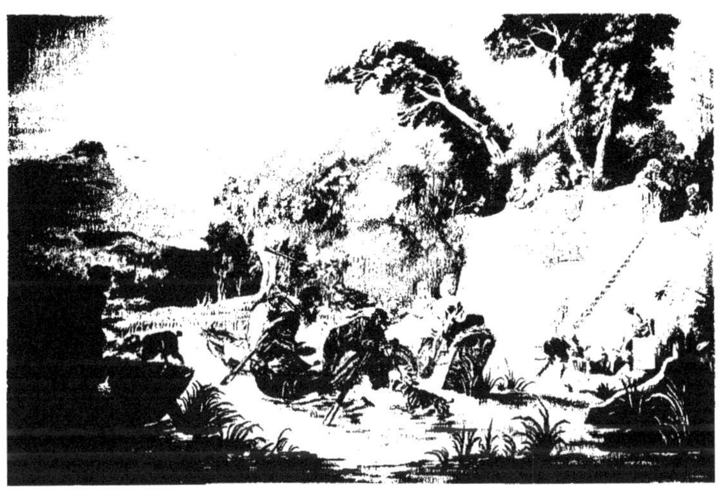

La chasse aux canards, d'après Casanova.

et l'inscription funéraire, aujourd'hui encastrée dans les murs de l'église Saint-Étienne, fut retrouvée en 1851, chez un vitrier de Beauvais, par M. P.-A. Badin, alors administrateur de la manufacture.

Après Oudry, le peintre paysagiste Juliard fut chargé de la direction artistique de la manufacture et la transmit à Jean-Joseph Dumont, qui avait été inspecteur à Aubusson. Ces artistes surent maintenir la fabrication dans la bonne voie et, aux modèles anciens, sans cesse remis sur le métier, ils ajoutèrent chaque année de nouvelles toiles. De la période allant de 1755 à 1780 date l'exécution de la *Tenture Chinoise* et de la *Noble pastorale*, signalées ci-dessus, de l'*Iliade*, en sept pièces, d'après les cartons de Deshays, tenture tissée pour le Roi, payée sur le pied de 575 livres l'aune, dont on reproduit ici un sujet, les *Reproches d'Hector à Pâris*; des *Convois militaires*, en six pièces, d'après Casanova; des *Jeux russiens*, six panneaux d'après Le Prince, avec meuble assorti du même; des *Amusements de la Campagne*, d'après Casanova, en huit sujets représentant le Rendez-vous de chasse, la Chasse aux canards, reproduite ici, la Pêche, l'Abreuvoir, le Rendez-vous de chasse, le Repas, le Faucon-

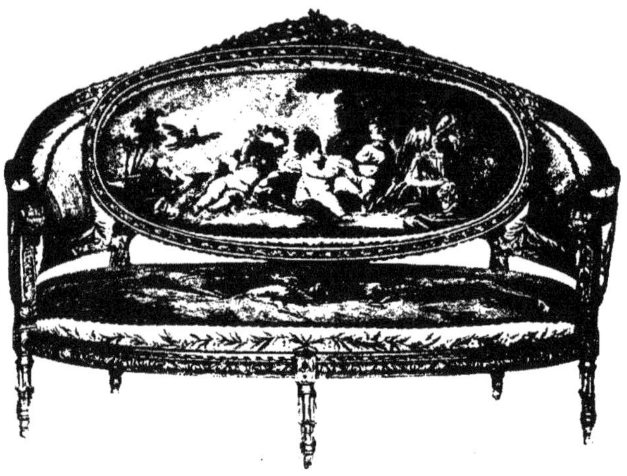

Canapé, d'après Boucher.

nier, la Blanchisseuse. Casanova donna encore les modèles d'une tenture en six pièces, les *Noces de Village*. A signaler aussi les *Quatre parties du monde*, d'après les modèles de Le Barbier, aujourd'hui tendues dans un des salons de l'hôtel de M. Gaston Ménier et la *Conquête des Indes*, en trois pièces, dont les panneaux ont été divisés pour servir de dessus de portes, dans un appartement de Compiègne. N'oublions pas dans cette rapide énumération les *Scènes militaires* de Loutherbourg, dont on voit au Louvre un échantillon intéressant, et la tenture sur *les Sciences et les Arts*, fournie par Lagrenée. A chacune de ces décorations murales correspondait une série de sièges et de canapés avec motifs appropriés aux panneaux.

Les anciens meubles de Beauvais sont recherchés avec passion par les amateurs, et c'est justice, car on ne saurait imaginer de garniture plus somptueuse pour une riche habitation. On connaît les innombrables reproductions des Fables de La Fontaine; mais il existe un meuble merveilleux simplement orné de bouquets de fleurs d'une exécution magistrale, à peu près ignoré, car je ne l'ai vu signalé nulle part, et c'est cependant un des chefs-d'œuvre de notre atelier. Il est actuellement placé dans le salon dit des fleurs, à l'extrémité des appartements en façade sur le parc du palais de Compiègne. Les meubles décorés de petits amours potelés, tissés sur les modèles de Boucher, comme ceux qui sont reproduits ici, comptent aussi parmi les chefs-d'œuvre de notre manufacture.

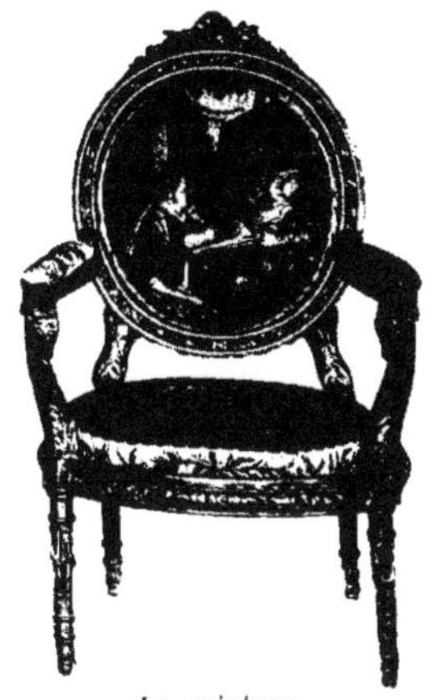
La peinture.

A Charron succédait, en 1780, de Menou, ancien fabricant de tapisseries à Aubusson. C'était le temps où les entrepreneurs de la Marche venaient de joindre à leur industrie séculaire la fabrication des tapis de pied, à l'imitation de la Savonnerie. La suppression récente des corporations laissait toute latitude aux industriels et permettait des innovations interdites avant 1776. Dans ses nouvelles fonctions, de Menou apporta certaines réformes dont il avait été l'un des promoteurs à Aubusson. Il ouvrit un atelier de tapis qui ne tarda pas à faire une sérieuse concurrence à la manufacture de la Savonnerie, installée alors à Chaillot. Presque aussi beaux que ceux de la Savonnerie, ses produits étaient d'un prix bien plus abordable. Aussi le succès fut-il rapide, et cette nouvelle branche de

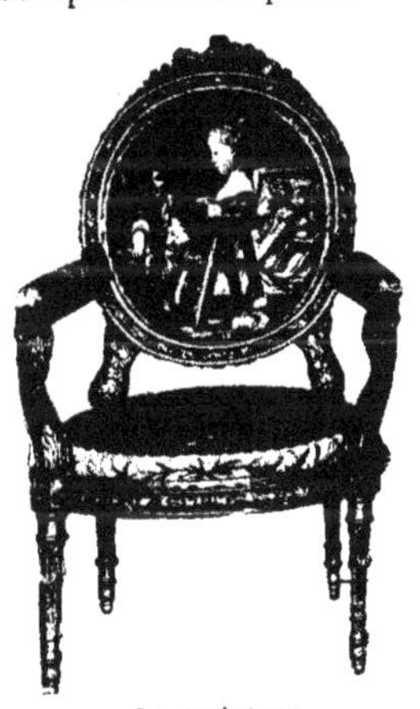
La sculpture.

commerce trouva un débit considérable en France et à l'étranger. En 1790, l'atelier occupait cent vingt ouvriers.

La Révolution faillit entraîner la ruine de Menou. Les ouvriers réclamaient une augmentation de salaire : leurs doléances portées devant l'Assemblée nationale, puis devant la Convention, furent combattues par le directeur qui, se déclarant dans l'impossibilité de leur donner satisfaction, profita d'un décret du 17 brumaire an II,

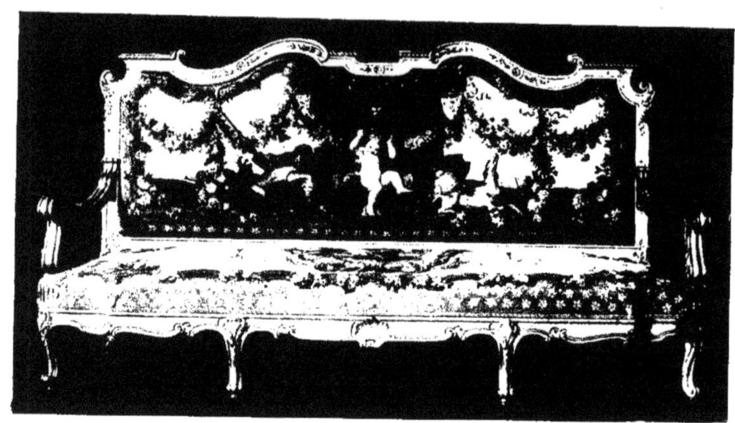

Le canapé de Don Quichotte.

pour se démettre de ses fonctions. Les tapissiers se trouvèrent alors sans directeur et sans travail.

IV

Le XIXe siècle

Pendant plus d'un an la manufacture reste fermée ; ce fut seulement un arrêté du 13 prairial an III, rendu par le Comité d'Agriculture et des Arts, qui rouvrit les ateliers. Un directeur et un garde-magasin étaient institués pour assurer le fonctionnement de l'établissement mis désormais à la charge de l'État. Les travailleurs devaient être, comme par le passé, rétribués à la tâche et non à la journée, bien que le paiement à la journée eût été récemment introduit aux Gobelins. Le prix de la main-d'œuvre était fixé au triple du prix de 1789.

Le nouveau directeur fut le peintre Camousse, auparavant inspecteur des travaux. Il n'eut d'abord que six ouvriers sous ses ordres : pendant plusieurs années l'existence de la manufacture resta fort

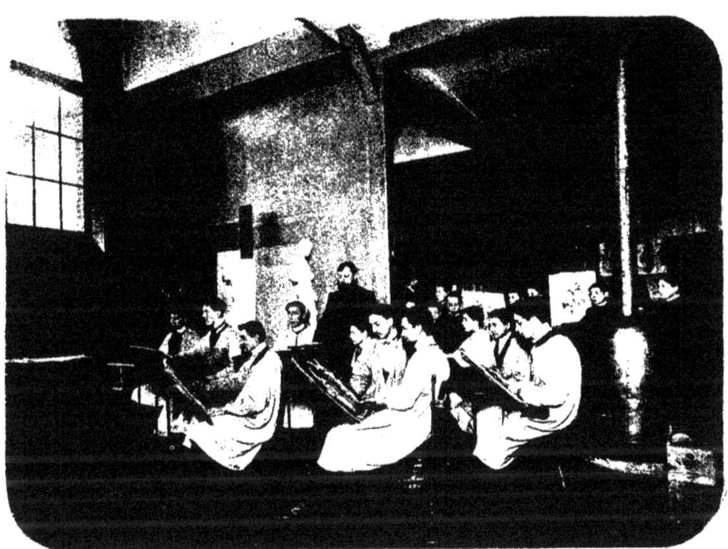

École de dessin de la manufacture de Beauvais.

précaire. Elle sortit de cette situation en l'an VIII par la nomination de Huet, en remplacement de Camousse décédé. Huet avait passé quarante années dans l'administration des manufactures de France, et cela lui donnait une compétence et une autorité indiscutables. Puissamment soutenu par l'intérêt que le Premier Consul témoignait aux tapissiers de l'État et par les subsides qu'il obtint, Huet rendit à la manufacture une nouvelle activité. Le 28 floréal an XII, elle était rattachée à la liste civile impériale. Depuis cette époque, elle a toujours dépendu de la dotation des gouvernements monarchiques. Classée, de 1848 à 1852, parmi les établissements nationaux, elle vit sous ce régime depuis 1870.

Huet conserva ses fonctions de directeur jusqu'en 1814. Il mourait le 26 mars, âgé de plus de quatre-vingts ans, laissant la manufacture en pleine prospérité. Son fils aîné lui succède le 1er septembre et reste en fonctions jusqu'au 31 janvier 1819. Pendant cette période restreinte, d'importantes améliorations sont introduites : renouvellement presque intégral des modèles et reconstruction de la partie des bâtiments en façade sur la rue.

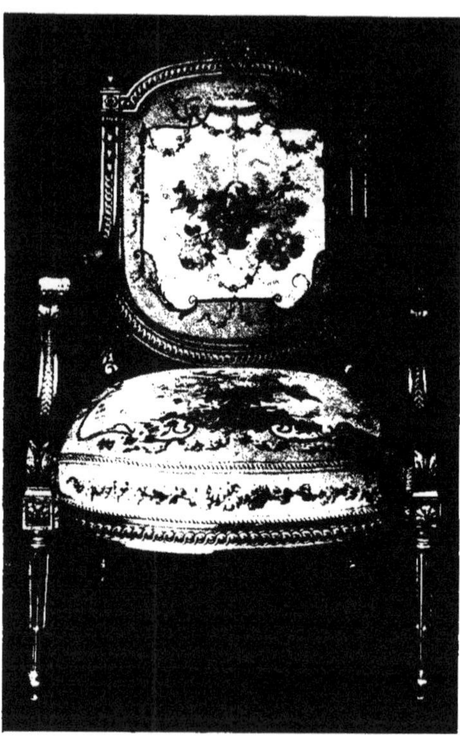

Fauteuil, d'après Gaudefroy.

Huet l'aîné a pour successeur son jeune frère qui cède la place, le 1er octobre 1819, à Guillaumot, chef du bureau de la comptabilité dans la maison du Roi, qu'il ne faut pas confondre avec l'architecte Axel Guillaumot, directeur de la manufacture des Gobelins pendant la Révolution. A Guillaumot on doit le rétablissement de l'école de dessin ; elle n'a cessé depuis cette époque de rendre des services signalés à la ville de Beauvais comme à la manufacture, car elle admet aussi bien les enfants des habitants que les apprentis tapissiers. Lorsque Guillaumot se démit de ses fonctions, en décembre 1828, le marquis d'Ourches le remplaça. Contraint par les événements de quitter son emploi le 1er avril 1831, M. d'Ourches eut pour successeur Guillaumot fils, mort l'année suivante, à la suite d'une longue maladie; il était à peine âgé de vingt-six ans. Le 26 mai 1831, Guillaumot avait reçu la visite du roi Louis-Philippe, alors de passage à Beauvais. Nouvelle visite du Roi, accompagné de sa famille et de plusieurs ministres, le 4 juillet 1833.

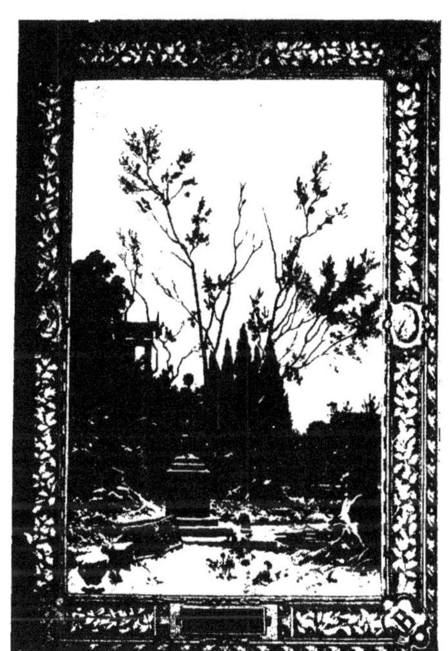

Paysage, d'après Français.

Le directeur qui avait remplacé Guillaumot était alors M. Grau de Saint-Vincent, ancien capitaine d'infanterie.

Les nombreuses notices imprimées des expositions périodiques de la manufacture de Beauvais pendant la première moitié du XIXe siècle nous renseignent, presque annuellement, sur les portières, banquettes, tabourets, pliants, chaises, écrans ou tableaux exécutés d'après les modèles de Desportes, Boucher, Dugoure, Saint-Ange, Laurent et aussi de Chenavard, Michallon, Goupil, Van Dael et Starke. De temps en temps, les tapissiers s'exerçaient à reproduire des peintures de Monnoyer; on cite dans ce genre de véritables merveilles de patience, de fidélité minutieuse. Au château de Fontainebleau est exposé un tableau de Monnoyer, dont la reproduction en tapisserie fait face à la peinture; on distingue à peine la tapisserie du modèle original. En 1848, apparaît un nom qui restera intimement uni à l'histoire de la manufacture de Beauvais. M. Pierre-Adolphe Badin, artiste peintre, élève de Picot, ayant pris part à de nombreux salons depuis 1833, recevait la mission de diriger les deux manufactures de tapisseries de l'État. On lui enleva, au début de l'Empire, la surveillance des Gobelins pour la confier durant quelques années à M. Lacordaire. M. Badin eut de nouveau la conduite des deux établissements de 1860 à 1870. Lui seul depuis l'origine a réuni les deux ateliers sous une même direction. Depuis 1870,

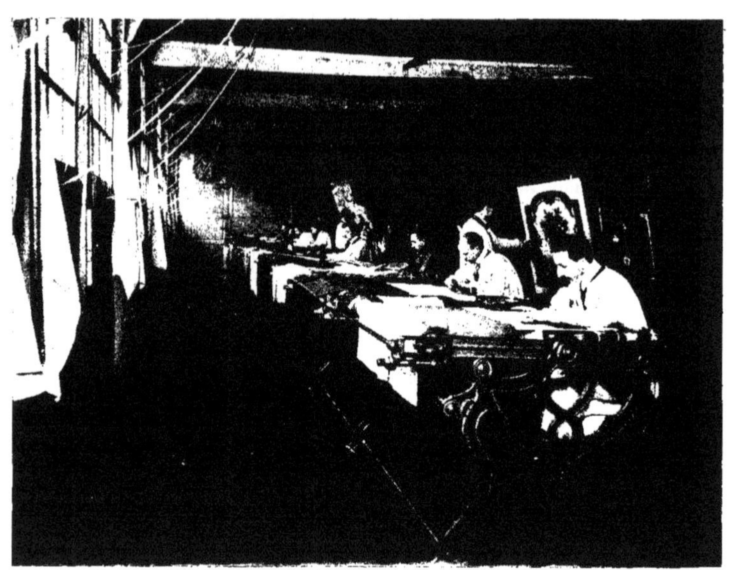

Vue intérieure d'un des ateliers de Beauvais.

ils sont de nouveau séparés. M. Badin père avait conservé, après la guerre, ses fonctions à Beauvais. Son fils, M. Jules Badin, administrateur actuel, lui a succédé il y a une vingtaine d'années, après un court intervalle de temps durant lequel la manufacture fut confiée à M. Diéterle. L'administration de M. Badin a été particulièrement féconde. Un relevé complet des meubles produits par l'atelier de Beauvais sous le règne de Napoléon III donne les chiffres suivants : 180 meubles canapés, 243 fauteuils, 532 chaises, 109 banquettes et tabourets, 28 tentures, rideaux, ornements d'église, dais, bannières et mitres d'évêques, enfin 12 tapis de table, le tout destiné à l'ameublement des palais impériaux et représentant une valeur de plus d'un million. Beaucoup de ces meubles ont péri dans les incendies des Tuileries et de Saint-Cloud. Parmi les artistes à qui furent demandés des modèles au cours de ces dix-huit années, figurent les noms de Chabal-Dussurgey, Diéterle, Desgoffe, Viollet-le-Duc, Muller, Galland, etc. On reprenait de temps en temps les

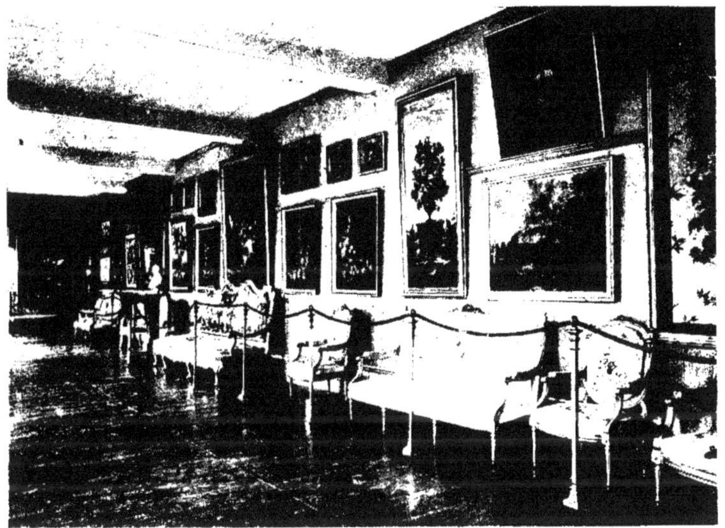

Musée des tapisseries.

anciens modèles de Casanova, d'Oudry, de Monnoyer et de Mignon.

De 1878 à 1889, les ateliers ont produit 79 tableaux et panneaux d'après les modèles d'Oudry, de Godefroy, de Desroy, de Mme Escallier, et de MM. Maisiat, Petit et Tony-Faivre, 64 meubles canapés, 72 fauteuils, 62 chaises.

Une opinion assez répandue fait croire que le travail de la basse lisse est plus rapide que celui de la haute lisse. C'est une erreur. Tout dépend de la complication du dessin. D'ailleurs, l'atelier de Beauvais se sert d'une chaîne plus fine que les Gobelins; on compte dix fils de chaîne par centimètre à Beauvais, sept ou huit seulement aux Gobelins. Les fils de la trame sont également plus ténus : toutes ces conditions contribueraient à rendre le travail assez lent à Beauvais.

Les outils employés pour la basse lisse ne diffèrent pas sensiblement de ceux des hautelissiers. Au lieu de la broche, le tapissier de Beauvais se sert de fuseaux plus petits, nommés flûtes, qui n'ont pas, comme l'outil usité aux Gobelins, une extrémité pointue pouvant servir à tasser le tissu ; par contre, le peigne d'ivoire est beaucoup plus utile à Beauvais qu'aux Gobelins.

Le grand inconvénient pour le visiteur d'un atelier de basse lisse est l'impossibilité de voir le travail en cours d'exécution, puisque le métier ne montre que l'envers de la tapisserie. Toutefois, les ateliers de Beauvais sont accessibles aux étrangers, admis également dans le musée installé au premier étage de l'ancien bâtiment. Forcément limitée par la place, cette exposition permanente offre des échantillons des meubles les plus caractéristiques exécutés au cours du XIXe siècle, à côté de quelques tapisseries de date plus ancienne. Il est fâcheux que ce musée ne possède pas deux ou trois morceaux de la grande époque, signés Béhagle, Besnier, Oudry ou Charron ; mais ces pièces-là atteignent aujourd'hui des prix inaccessibles à nos modestes ressources.

M. Jules Badin est en train d'installer une nouvelle galerie qui ne saurait manquer d'obtenir un vif succès. Les greniers s'étendant au-dessus des ateliers seront peu à peu aménagés pour recevoir les modèles anciens et modernes. Jusqu'ici, la partie centrale des bâtiments est seule en état ; elle renferme une collection intéressante de peintures de diverses époques : panneaux de Casanova, paysages d'Oudry, de Français, modèles de sièges et de panneaux par MM. Chenavard, Petit, Mangonot, Quost, Cesbron et autres peintres de fleurs et d'ornements. Léon Gérôme a peint plusieurs petites figures pour des écrans. Enfin, on rencontre là des échantillons curieux de presque tous les meubles exécutés depuis un siècle et davantage ; plusieurs modèles de style Louis XVI se font remarquer par leur style caractéristique et la délicatesse de l'exécution.

Sans entrer dans le détail du classement des laines et des soies dans le magasin de Beauvais, notons que chaque gamme compte vingt tons et porte un numéro d'ordre allant de 1 à 700, ce qui donne à peu près le même nombre de couleurs qu'aux Gobelins, soit quatorze mille environ. Inutile d'ajouter que toutes les gammes n'existent pas au complet. Cette masse de dégradations excède de beaucoup les besoins.

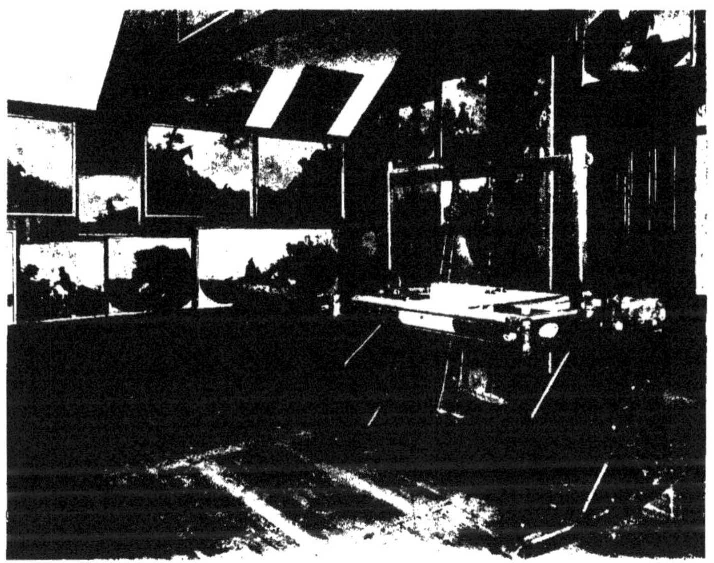

Musée des modèles. Ancien métier.

Les ateliers forment trois corps de bâtiment autour d'une cour intérieure contiguë au petit jardin de l'administration. Leur construction, toute en bois, daterait de la fondation de la manufacture. L'architecte de ce bâtiment si modeste a tout simplement réalisé un véritable chef-d'œuvre, car il a installé les travailleurs dans les conditions les mieux appropriées à leurs besoins. De grandes salles spacieuses, bien aérées, recevant le jour par un vitrage continu, on ne saurait imaginer une disposition plus commode, plus intelligente. Il serait à souhaiter que les ateliers des Gobelins fussent établis dans d'aussi bonnes conditions d'éclairage et d'hygiène.

Depuis plusieurs années, les métiers sont surtout occupés à reproduire d'anciens sièges pour les salons de l'Élysée et à exécuter des chaises et des fauteuils pour le ministère de l'Instruction publique. A l'Exposition de 1900 a paru tout un ensemble décoratif, d'après les modèles de M. Mangonot pour le ministère des Affaires étrangères, comprenant canapés, fauteuils, chaises, dessus de porte, le tout d'une coloration très vive.

Parmi les artistes ayant travaillé pour la manufacture de Beauvais en ces derniers temps, se rencontrent les noms de M. Jacques Galland, avec un panneau du Midi, de M. Français qui a donné l'Été et l'Hiver, de M. Cesbron, auteur de sièges décorés de guirlandes de fleurs, enfin de MM. Jules Badin, Gaudefroy et Desroy, pour un écran représentant Mars et Vénus. Entre temps, on reprend d'anciens modèles d'Oudry, de Chabal-Dussurgey, de Philippe Rousseau.

La composition la plus importante par son étendue et par son caractère, terminée tout récemment, représente un épisode de l'histoire de Jeanne Hachette : elle est destinée à une des salles du lycée de Beauvais. Le modèle de M. Cormon, avec ses personnages de grandeur naturelle, habitue les artistes à une facture plus libre et plus large que celle qui était pratiquée jusqu'ici. Il y a là un effort de rénovation fort intéressant.

Le public est admis à visiter le musée et les ateliers tous les jours de la semaine, sauf le dimanche, de midi à quatre heures. Peu d'étrangers, attirés à Beauvais par la réputation des monuments de la ville, la quittent sans donner quelques instants à la maison deux fois séculaire qui évoque tant de noms glorieux, qui a répandu dans le monde entier des œuvres d'une magnificence incomparable, qui soutient encore dignement, avec la manufacture des Gobelins, la réputation universelle de la tapisserie française.

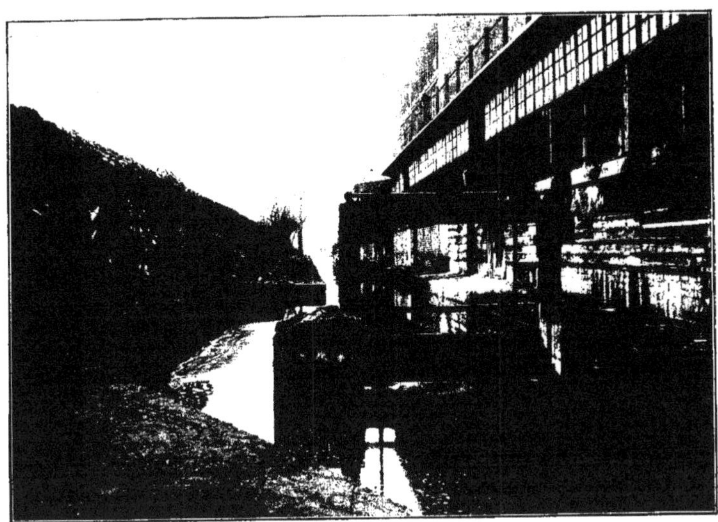

Manufacture des Gobelins. La Bièvre le long des jardins.

PRINCIPAUX OUVRAGES SPÉCIAUX

SUR LES

MANUFACTURES DES GOBELINS ET DE BEAUVAIS[1]

Guillaumot (C.-A.). — Notice sur l'origine et les travaux de la manufacture impériale des Gobelins, suivie du catalogue des tapisseries qui décorent l'appartement et la galerie de l'Exposition. Paris, an VIII et an XII, in-8°.

— Notice sur l'origine et les travaux de la manufacture royale des tapisseries des Gobelins et des tapis de la Savonnerie. Catalogue des tapisseries et des tapis exposés. Paris, in-18, éditions diverses en 1838, 1844, 1846 et 1847.

Lacordaire (A.). — Notice sur l'origine et les travaux des manufactures de tapis-

[1] Pour de plus amples renseignements consulter *La tapisserie*, par Jules Guiffrey, dans la *Bibliothèque de bibliographies critiques*, Paris, Picard, 1904, in-8°, aux articles Gobelins et Beauvais, n°s 137-303.

series et des tapis réunies aux Gobelins et catalogue des tapisseries qui y sont exposées. Paris, in-8°. 1852, 1853, 1855 (et six autres éditions jusqu'en 1869).

Cet ouvrage est le premier travail vraiment scientifique, composé sur des documents authentiques, concernant les origines et l'histoire des Gobelins.

TURGAN. — Les grandes usines de France : Les Gobelins, in-8°, 1860, planches.

Nouvelle édition en 1897 sous le titre : La manufacture nationale des Gobelins.

DARCEL (A.). Notice historique sur les manufactures nationales de tapisseries des Gobelins et de la Savonnerie. Catalogue des tapisseries exposées et de celles qui ont été brûlées dans l'incendie du 25 mai 1871. Paris, 1872, in-8°.

DARCEL. — Manufacture nationale des Gobelins. Catalogue des tapisseries exposées dans les galeries le 15 juin 1878. Paris, in-12, 1878, 1881, 1883, 1884, 1885.

BOYER DE SAINTE-SUZANNE. — Les tapisseries françaises. Notes d'un curieux. Paris, Rouveyre, 1879, pet. in-4°. [La manufacture des Gobelins va de la page 162 à la page 286].

HAVARD (H.) et VACHON (Marius). — Les manufactures nationales : les Gobelins, la Savonnerie, Sèvres, Beauvais. P.-G. Decaux, 1889, gr. in-8°, planches.

GERSPACH. — La manufacture des Gobelins. Paris, 1892, in-8°, planches.

GERSPACH. — Répertoire détaillé des tapisseries des Gobelins exécutées de 1662 à 1892. Histoire, commentaires, marques. Paris, 1893, in-8°.

DARCEL et GUIFFREY. — Histoire et description de la manufacture des Gobelins. Paris, Plon, 1895, gr. in-8°.

Extrait de l'*Inventaire des richesses d'art de la France*, contenant le catalogue détaillé des tapisseries, étoffes et dessins conservés dans les magasins des Gobelins.

FENAILLE (Maurice). — État général des tapisseries de la manufacture des Gobelins depuis son origine jusqu'à nos jours (1600-1900). Paris, Hachette, 1903 et années suivantes, 5 vol. in-fol. avec 300 héliogravures hors texte et nombreuses planches dans le texte.

Deux volumes, comprenant la période qui s'étend de 1662 à 1735, sont publiés. Le troisième (fin du XVIIIe siècle) est sous presse, les autres en préparation.

DUBOS. — Notice historique sur la manufacture royale des tapisseries de Beauvais. Beauvais, 1834, in-8°.

BOYER DE SAINTE-SUZANNE. — L'atelier de tapisseries de Beauvais. Monaco, 1876, in-8° (tiré à 75 ex.). Voy. aussi plus haut le livre de MM. Havard et Vachon sur les manufactures nationales qui renferme l'histoire la plus complète qu'on ait donnée jusqu'ici de l'atelier de Beauvais.

BOUSSON (Ernest). — La manufacture nationale de tapisserie de Beauvais. Son fonctionnement actuel et son rôle artistique. Beauvais, 1902 et 1905 (2e éd.), in-8°, 22 p. 3 planches.

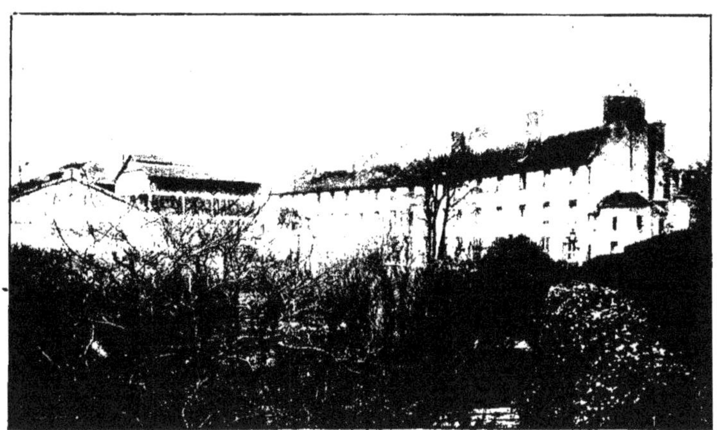

Manufacture des Gobelins. — Vue générale le long de la Bièvre.

TABLE DES PLANCHES

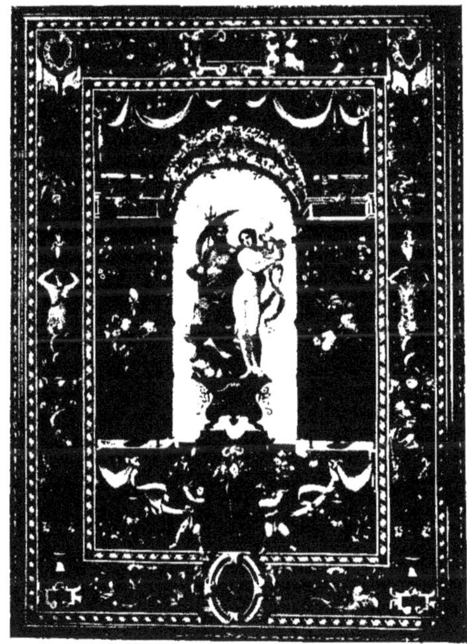

Manufacture de Beauvais. — Mars et Vénus, écran, d'après MM. Gaudefroy, J. Badin et Desroy.

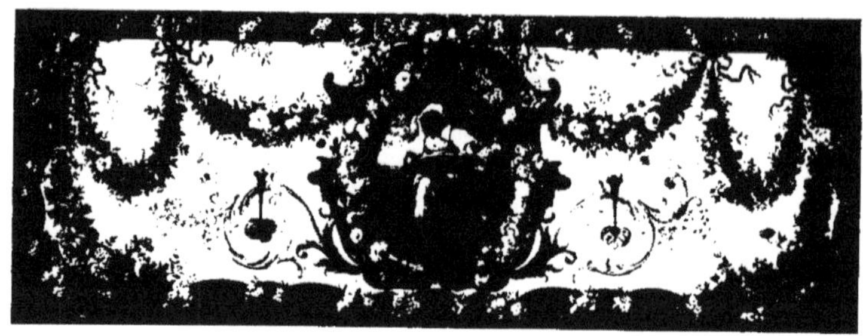

Manufacture de Beauvais. — Dossier de canapé.

TABLE DES MATIÈRES

PREMIÈRE PARTIE

La manufacture des Gobelins

SECONDE PARTIE

La manufacture de Beauvais

ÉVREUX, IMPRIMERIE CH. HÉRISSEY ET FILS

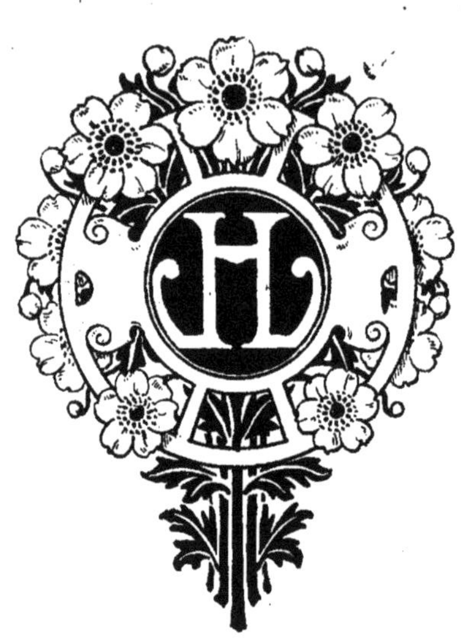

www.ingramcontent.com/pod-product-compliance
Ingram Content Group UK Ltd.
Pitfield, Milton Keynes, MK11 3LW, UK
UKHW020603180726
13838UKWH00001B/398